100년 뒤에도
변치 않을
가장 인간적인
4가지 도구의 힘

100년 뒤에도 변치 않을 가장 인간적인 4가지 도구의 힘

다시, 〈읽고 듣고 말하고 쓰기〉를 권함

| 서정현 지음 |

북포스

100년 뒤에도 유용한 생존 도구

급변(sudden change)이란 단어가 지금처럼 만개한 시절이 있을까. 이 위험천만한 말 앞에서 사람들은 어찌해야 할지 몰라 발을 동동 구르거나 눈을 질끈 감는다.

그러나 대다수가 '급변하는 세계'를 주목할 때 소수의 사람들은 '변치 않는 것'을 찾는다.

"'앞으로 10년 동안에 세상은 어떻게 변화할까요?' 저는 이런 질문을 많이 받습니다. 재미있는 질문이지만 식상한 질문이죠. 그런데 사람들은 이런 질문은 하지 않습니다. '앞으로 10년 동안 바뀌지 않는 것은 무엇입니까?' 이 두 질문 가운데 두 번째 질문이 더 중요한

4

질문이라고 말하고 싶습니다. 예측 가능한 정보를 가지고 있을 때 비즈니스 전략을 수립하기가 더 쉬우니까요. …(중략)… 오랜 시간이 지나도 불변하는 것을 알면, 그곳에 시간을 많이 투자하는 것이 현명한 길입니다."

아마존의 CEO 제프 베조스의 말이다.

제프만 그런 말을 한 게 아니다. 이지훈 작가는 초일류 기업들의 공통점을 찾은 뒤에 이를 '혼창통'이라는 세 글자로 요약한다. 아무리 세상이 변하더라도 이 세 가지만 갖고 있다면 당신의 기업도 성공할 수 있다는 얘기다.

이나모리 가즈오를 비롯한 일본 기업가들은 잃어버린 10년이라 불리는 일본 불황기에 '원점으로 돌아가라(Back to the basics)'는 메시지를 직원들에게 전달했다. 그들이 말하는 원점(the basics)은 기본기를 의미한다. 물건이나 서비스를 만들어 제공하는 회사의 기본기라는 게 뭘까? 고객이라는 한 단어이거나 혹은 품질, 가격, 납기라는 3가지가 기본기라는 말의 의미다.

한때 인문학 광풍이 불었던 것도, 불확실성에 대응하기 위한 기업의 자구책이었다. 그 숱한 마케팅 방법이나 최신 유행하는 경영 기법보다 사람에 대한 근원적 이해 없이는 아무것도 할 수 없다는 반성이 인문학에 대한 관심으로 나타났던 것이다. 그때 기업을 비롯하여 사회 리더들, 혹은 생존의 문제 앞에 놓여 있던 개개인들이 읽었던 책들은 1주일 전에 출간된 따끈따끈한 책이 아니라 짧게는 수십 년 전, 길게는 2천 년 전에 태어나서 지금껏 사람들의 입에서 입으로 회자되고 있는, 변치 않는 고전들이었다.

다니엘 핑크가 〈파는 것이 인간이다〉라는 책에서 지적하는 건, 세상이 어떻게 변하든 사람은 결국 '파는 동물'이라는 사실이다. 그는 미국의 근로자 9명 중 1명은 타인이 뭔가를 구매하도록 만드는 일을 하며 생계를 유지하고 있는데 나머지 8명 역시 세일즈와의 경계선상에서 일을 하고 있다고 그는 지적한다. 그의 이야기를 조금 더 밀고 나간다면 '그러므로 세상이 아무리 변하더라도 우리가 파는 동물이라는 것을 인지하고, 관련 스킬을 장착한다면 생존에는 문제가 없다'는 얘기로 정리된다.

이처럼 변화에 대한 목소리가 커질 때는 늘 빠지지 않고 '변치 않는 어떤 역량'을 갖출 것을 요구하는 목소리도 같이 높아진다.

그렇다면, 언어는 어떨까? 언어를 통해서 우리가 할 수 있는 4가지 활동, 즉 읽고 듣고 말하고 쓰기는 어떨까? 이 능력은 10년 뒤면 소용이 없어질까? 이 능력은 그저 학창시절 공부하는 데만 필요하고

6

사회생활에는 필요 없는 걸까? 이 능력은 나이 일흔이 넘으면 유통기한이 다하는 것일까?

아무리 곰곰이 생각해 보고 따져 보아도 결론은 '아니다'이다. 읽고 듣고 말하고 쓰기는 10년 뒤는 물론이고 인간이 존속하는 한에는 없어지지 않을 인간적 생존도구 가운데 하나다. 그런데 왜 사람들은 이 원초적 생존 무기에 대해서 무관심할까? 생존에 별로 도움이 되지 않기 때문에? 그렇다면 왜 하버드나 서울대에서 대학생들의 글쓰기 활동을 지원하고, 갈수록 강의 시장이 커지고 있는 것일까? 왜 기업체들은 읽기와 듣기 등의 학습을 독려하고 있는 것일까? 왜 더 잘 듣고, 잘 읽고, 잘 말하고, 잘 쓰고에 대한 요구가 커져가는 것일까? 그 원초적 생존 도구가 실제 생존에 유리하다는 게 관측되고 있기 때문이다. 특히나 이 도구들은 시대의 변화상과 무관하게 계속 힘을 발휘한다. 다음 인물들이 이를 잘 증명해주고 있다.

김영하, 그는 이미 성공한 소설가이자 달변가이기도 하다. 그는 방송에서 거침없는 말하기로 그 존재감을 드러낸다.

김제동, 그는 토크쇼만으로도 따뜻한 한 세계를 열어나가고 있다. 입담 재치가 뛰어나다.

김미경, 그는 경험을 콘텐츠로 만드는 일에 능숙하다. 어떤 경험이든 잘 말할 수 있다.

설민석, 그의 강의는 예능보다 재미있다. 역사가 이보다 더 쉬울 수는 없다.

김창옥, 그는 유튜브 〈김창옥포프리쇼〉를 개설, 28만 명의 구독자를 보유하고 있다.

손석희, 그는 토론 프로그램에서 더 빛난다. 잘 들으니 질문의 품질이 높다.

법륜 스님, 그는 새겨듣기로 즉문즉설을 한다. 들을 때 이미 머릿속에서 정리한다.

이금희, 그는 듣기를 통하여 장수 프로그램을 만드는 데 일조했다.

박웅현, 그는 시대의 소리를 듣는다. 삶의 굵직한 질문 던지기에 능하다.

조승연, 그는 〈비밀 독서단〉에서 엄청난 독서로 이루어진 탄탄한 배경지식을 풀어냈다.

김병완, 그는 도서관 3년 집중이 인생을 바꿔놓았다고 밝힌다. 퇴직 후 전업작가가 되었다.

고미숙, 그는 내로라하는 몇 안 되는 고전평론가이다. 읽고 쓰기를 업으로 하고 있다.

유시민, 그는 탄탄한 독서 내공과 정치·사회 경험을 통해 말과 글에서 독보적 존재로 자리 잡았다.

장석주, 그는 누구보다 부지런히 책 읽기를 하며 서른 해를 쉬지 않고 읽고 쓰며 걸어왔다.

한강, 그는 해외에서 더 인정받는 소설가다. 죽을 때까지 세계인이 읽을 작품을 쓸 것이다.

정유정, 그는 무라카미 하루키와 어깨를 나란히 할 수 있는 몇 안 되는 이야기꾼이다.

이기주, 그는 기자 출신으로 세밀한 감정을 다룰 줄 아는 작가가 되었다.

이지성, 그는 교사 출신으로 이제는 30권 넘는 다작 작가로 더 유명하다.

강원국, 그는 청와대 연설비서관으로 일했던 경험을 살려 강연가와 저자로 활동하고 있다.

더욱 흥미로운 현상은, 말로 유명세를 얻었던 사람이 나중에는 글로도 성공하고, 글로 유명세를 얻었던 사람이 나중에는 말로도 성공한다는 사실이다. 말하기와 쓰기는 함께 크는 쌍둥이이며, 그 뒤에는 읽기와 듣기라는 그림자가 존재한다. 이 네 가지는 서로 어우러지며 하나의 나무를 이룬다. 읽기와 듣기는 성장에 필요한 에너지원 공급처, 즉 뿌리이자 줄기요 나뭇잎이 되고, 말하기와 쓰기는 꽃과 열매에 해당한다.

나는 스피노자가 '내일 지구가 멸망하더라도 한 그루의 사과나무를 심겠다'고 한 말을 생각한다. 그 한 그루의 사과나무는 구석기를 지나 철기 시대가 되어도 여전히 사과나무이며, 석유 기반 사회를 지나 전기 기반 사회가 되어도 여전히 사과나무일 것이다. 언어는 마치 사과나무처럼 내일 지구가 멸망할 것처럼 떠드는 시대에 당신을 지켜줄 원초적 생존도구가 된다. 당신에게 다시, 읽고 듣고 말하고 쓰기를 권한다.

2019년 1월

서정현

만인은 글 앞에 평등하다

책은 뇌세포의 연못에 던져지는 바위다. 풍덩, 잠자던 연못이 깨어난다. 연못 바닥에 가라앉아 있던 기존의 지식들이 먼지처럼 일어나며 물속은 일대 혼란에 휩싸인다. 그리고 새로운 자리 찾기가 이어진다. 부유하던 바닥 지식들이 새롭게 정렬된 자기 위치를 찾아 가만히 내려앉는다. 나의 뇌에서 의미재구성이 일어난다.

· 읽기의 장 ·

책은
연못에 던져진
바위다

01

문맹은 없다,
그러나 독맹은 있다

독맹(讀盲)은 존재한다. 독맹들과 일하다 보면 수시로 오독이 일어
난다. 오독은 이메일이나 책, 문서상의 모든 표현을 곡해하는 것으
로, 글쓴이의 뜻을 엉뚱하게 해석하는 일을 말한다. 최초의 의도자
가 원치 않던 곳으로 결과가 흘러간다.

타인의 텍스트를 타인의 관점, 나아가 맥락 안에서 생각하지 않으
려는 사람들이 독맹이다. 독맹들은 자기만의 해석 틀을 갖고 세상 모
든 텍스트를 분해하여 자기 경험 안에서 축소, 왜곡하여 재조립한

다. 머릿속에 들어 있는 관습적 매뉴얼에 최대한 가깝게 읽어내려고 한다. 그 틀에서 해석이 불가능한 부분을 만나면 미묘한 심리적 기제가 작동한다. 의도적으로 무시하거나 사소한 것으로 격하시킨다. 때로는 백혈구처럼 낯선 텍스트를 이물질로 여기고 공격한다. 이 글이 무슨 의미인지, 어떤 배경에서 탄생했는지, 어떤 다름을 갖고 있는지 발주자의 의도를 묵살한다. 타인의 의도를 읽지 않겠다는 말은 소통을 거부하겠다는 뜻이다.

협업이 필요한 프로젝트에서 독맹은 업무 효율성을 저하시킨다. 글자를 몰라서가 아니다. 맥락이 아닌 글자 자체에 집착하기 때문에 글 뒤에 숨은 의도에 대한 이해도가 낮다. 조금 어려운 문장이라도 나올라치면 처리 속도가 느려진다. 두세 문장 이상 연결되면 독해에 오류가 발생한다. 글로 소통하다 벽에 부딪치면 얼굴 맞대고 설명해주어야 한다. 처음부터 끝까지, 길게 설명해줘야 한다. 결국 시간과 에너지가 낭비된다. 매우 친절하게 풀어주어야 하기에 전체 업무에 차질을 빚는다. 독해 능력 차이는 곧 업무처리 능력을 좌우한다. 시간이 몸값이라는데 좋은 몸값을 기대하기 힘들다.

문자화된 정보의 처리능력이 기본인 세상이다. 기획서, 보고서, 진행 사항, 문제 사항, 리포트, 연구논문 등 중요한 것은 모두 문서로 이루어진다. 문서로 이루어지는 것들에 대해 두려워하거나 공포심을 갖는다면 기회를 잃는다는 얘기다.

언젠가 강의 도중 날씨를 주제로 수강자들과 이야기를 나눈 적이 있다. 세대가 위로 올라갈수록 맑음, 흐름, 비, 눈, 바람처럼 '단어'로 날씨를 표현한다. 객관식 세대답게 단순 단답형 표현이다. 예전 일기장에는 해, 구름 등 몇 개의 기호로 날씨가 그려져 있어서 굳이 문자를 활용할 필요도 없이 동그라미를 쳤던 기억이 있지 않은가.

독해가 안 된다는 말은 '읽기'만 힘들다는 뜻이 아니다. '읽기'의 옆에 있는 3가지도 잘 되지 않는다는 뜻일 때가 많다. 읽기-쓰기-듣기-말하기의 4가지 스킬은 정사면체의 각 면에 해당한다. 그런데 공교롭게 '읽기'만 작동하지 않는 경우는 드물다. 단지 더 잘하고 더 못하는 게 있을 뿐, 읽기가 힘들면 듣기, 쓰기, 말하기도 대체로 힘들다.

다중지능(내면지능, 대인관계지능, 공간지능, 논리수학지능, 신체운동지능, 언어지능, 자연탐구지능)에서는 말하기, 듣기, 읽기, 쓰기를 묶어서 언어지능이라고 말한다. 언어지능은 작가, 아나운서, 강연가, 번역가, 통역가, 리포터, 카운슬러 등 말을 먹고 사는 사람들의 전유물로 착각하는 경우가 많다. 물론 틀린 말은 아니다. 하지만 말 자체가 직업인 사람뿐 아니라 협업과 소통 없이는 업을 이어갈 수 없는 모든 사람에게 '말과 글'은 원초적 역량이 된다.

언어지능이 계발되지 않으면 정보화 사회를 살아가는 데 있어서 두 배, 세 배로 힘들다. 반대로 해석하면 언어지능을 갈고 닦아 반짝반짝 빛이 나면 일이나 관계에서 유리하다. 우리가 다른 것에 들이는 열정만큼 언어지능 계발에 힘을 쏟는다면? 특히 우리가 너무 가까이 있어서 그 중요성을 잊고 살아가는 모국어에 관심을 기울인다면? 살아가는 모든 일에서 일상어인 모국어는 중요한 소통의 도구가 된다. 영어를 못해서 생기는 갈등은 생각보다 거의 없다. 있어야 고작 본인 스스로 느끼는 열등감이 전부다. 반면 거의 모든 갈등의 원인은 내가 잘 알고 있다고 믿었던 우리 말과 글에서 비롯된다. 불통의 8할이 일상의 언어에서 시작된다.

일상 언어에 대한 충분한 계발이 뒤따르지 못해서 설명과 설득에 애를 먹는 일은 수시로 일어난다. 고객을 납득시키지 못하거나 갱년기 부모와 사춘기 자녀 사이에 벌어지는 갈등이나 남자와 여자 사이의 이해관계에서 오는 불통도 모두 일상 언어의 역량 부족에서 벌어진다. 나아가 업무상 읽고 쓰는 모든 일, 타인과 대화하기의 성공 유무는 소통 도구이자 역량을 실어 나르는 도구인 일상 언어에 달렸다.

언어지능 가운데 가장 기초에 속하는 것이 '읽기'가 된다. 읽기는 상식을 증폭시키고, 사람을 이해할 수 있는 바탕을 만들어준다. 읽기를 해야 배경지식이 누적된다. 배경지식이 있어야 어휘, 문장, 문단을 자유자재로 꺼내 쓸 수 있다. 단지 말 잘하는 것과 설득력 높다는 것은 다르다. 읽는 일은 100세 시대를 살아가는 우리에게 돈으로 살 수 없는 자본이 될 수 있다. 한글을 읽는 것만으로는 부족하다. 글쓴이마다 언어를 조직하는 방법은 다 다르다. 우리가 읽기를 통해서 배워야 하는 것은 타인의 문맥, 타인의 의도다. 보다 많은 사람들의 생각을 읽어가는 과정에서 내 머리에는 수백 명의 사고틀이 장착된다. 그게 언어를 맛깔나게 말하고, 듣고, 쓰기 위한 전초전이 된다. 언어지능은 읽는 데서 시작된다.

02

책 읽지 않는 현대인,
어쩌면 기회다

고도원 아침편지문화재단 이사장은 기자였고, 김대중 대통령의 스피치 라이터였다. 현재는 충주의 깊은 산속에 자리한 명상 센터 '깊은 산속 옹달샘'을 꾸리고 있다. 그는 아침편지 우체부를 하면서 명상을 시작했다. 비로소 삶의 여유와 에너지를 얻게 되었다. 그의 성장기 시절, 아버지가 회초리 들며 강제로 읽힌 책들 가운데 함석헌 선생의 〈뜻으로 본 한국역사〉와 아놀드 조셉 토인비의 〈역사의 연구〉가 있었다.

그는 동교동 출입 기자이던 시절에 김대중 의원과 만나서 〈역사의 연구〉로 토론하기도 했다. 그때 그 책의 중요한 구절을 모조리 외울 뿐 아니라 해석까지 덧붙였는데, 당시 그를 눈여겨 본 김대중 의원은 훗날 대통령이 되자 그를 청와대로 불러들였다. 고도원 이사장은 청와대 시절부터 이메일을 통해 좋은 글귀를 사람들과 나누면 좋겠다는 생각을 품고 있었다. 그래서 그동안 읽었던 독서카드를 정리했다. 첫 편지는 루쉰이 쓴 〈고향〉 중 한 구절이었다. 좋은 내용을 주변 사람들에게 보내기 시작했다.

"희망이란 본래 있다고도 할 수 없고 없다고도 할 수 없다. 그것은 마치 땅 위의 길과 같은 것이다. 본래 땅 위에는 길이 없었다. 걸어가는 사람이 많아지면 그것이 곧 길이 되는 것이다."

오늘날, 그의 아침편지는 애독자가 375만 명을 넘어섰다. 하루도 빠짐없이 편지글을 쓴다는 것은 쉽지 않은 노동이다. 그러나 아침편지를 보며 힐링하고 희망과 용기를 얻었다는 독자들의 반응이 힘을 내게 만든다. 그래서 더더욱 시대와 호흡하고 싶어 한다. 신문기자 출신답게 시의성을 따져서 글귀를 고른다. 그에게는 아직 5년 정도 써먹을 독서 카드가 있다. 그건 그저 문구 적힌 카드 몇 장이 아니다. 기록되지 않은 배경지식은 그의 뇌리 어딘가에 남아 있다. 독서 카드

한 장에는 빙산처럼 수면 아래 잠긴 더 큰 게 보이지 않게 깔려 있다. 무형의 자원이다. 그의 말하기가 달라진 것은 어디에서 자양분을 얻은 것일까? 그의 어휘가 다양하고 문장이 그림처럼 구체적이며 문단의 근거가 좀 더 논리적인 것은 어디에서 얻은 역량일까?

만일 그가 '커피'를 표현한다면 향이 풍부하며 전체적인 맛의 밸런스가 훌륭한 케냐 AA, 과일향과 꽃향기가 나는 에티오피아 예가체프, 부드럽고 대중적인 콜롬비아 스프레모, 풍부한 바디감과 달콤 쌉싸름한 맛을 지닌 인도네시아 만델링처럼 '커피'라는 말을 빼고도 얼마든지 커피를 말할 수 있으며 그것도 아주 풍부하게 말할 수 있으리라.

독서란 활자를 읽는 것을 의미하지 않는다. 글의 이미지, 분위기, 어조, 문체, 메시지, 주제, 구성, 편집, 콘셉트 등 글을 둘러싼 모든 것을 세밀히 읽어가는 과정을 말한다. 이것이 한 덩어리로 묶여 있는 게 글일 뿐이다. 저자는 우리에게 한 덩어리의 만두를 내오지만 그 안에는 그만의 독특한 조리 순서가 있고, 각 재료를 익히는 시간과 불의 세기가 있으며, 재료 사이를 묶어주는 양념이 있다. 우리는 단지 만두 한 입을 먹을 뿐이지만 그 안에서 우리는 활자 자체로 표현되지 못한 다양한 콘텐츠를 만나게 된다.

그래서 독서의 수준은 정직하다. 타인이 아무리 권장할 만한 추천 도서라고 하여도 내가 소화하지 못하면 그림의 떡일 뿐이다. 이 한 덩어리의 세계가 내 삶에 접속될 만큼 쉽게 다가와야 한다. 텍스트는 배경지식만큼 나에게 콘텍스트가 된다. 이런 기초가 쌓일 때 나도 누군가에게 아침 이메일 한 통 보낼 수 있게 된다.

책을 읽지 않는 현대인이 8할이다. SNS, 유튜브 등 적극적인 사유를 필요로 하지 않은 감각적인 채널이 사람들의 눈과 귀를 채우고 있다. 자극적이면서도 시청각을 충분히 만족시키는 미디어가 대세다. 복잡한 세상으로부터 나를 한 걸음 떼어놓기는 좋을지 모르지만 사유력은 점점 얕아진다. 책과 멀리 떨어져 살다 보니 책 한 권의 긴 맥락, 호흡을 따라가기 힘들 만큼 지구력이 약해진다. 일상 언어의 깊이를 추구하지 않는 사이, 언어지능이 뚝뚝 떨어진다. 물론 목숨 부지하고 살아가는 데는 당장 지장이 없을지 모른다. 그러나 언제 먹고 살지 못해서 고통스러웠던 것인가? 가치, 품질의 열등 때문에 비관하고 열등한 것 아닌가? 그렇다면 더더욱 언어의 고급화에 힘을 쏟아야 한다. 칙칙한 흑백 영화 같은 언어로 만족하면서 삶의 품질을 논하기는 어렵다. 삶의 풍요로움은 읽기의 풍요로움에 달려 있다. 어휘나 문장이 달라지면 우리가 만나는 세상에 컬러가 덧입혀지는 아름다움을 경험하게 된다.

　독서를 통해 삶의 근원적 문제에 한 걸음만 다가가 보기를 권한다. 책은 내 삶의 매트릭스를 알도록 만드는 계기가 된다. 책은 제 3의 눈을 내게 부여한다. '책 명상'이라고 불러도 좋다. 그리하여 지금의 좁은 시야를 벗어나도록 내 관점을 넓혀준다. 내 안과 밖의 경계를 볼 줄 알아야 알을 깨고 나올 수 있다. 영어나 중국어에 쏟는 것만큼만 열정을 들인다면 우리는 일상 언어로서의 모국어에 대한 감을 키울 수 있으며, 이렇게 키워진 감은 평생의 자본이 된다. 읽기에 대해서 새로운 시각을 가질 때다.

03

지적 생산의
출발점

피터 드러커는 20대에 독일 프랑크푸르트에서 기자 생활을 했다.

그는 모름지기 신문 기자라면 여러 가지 주제의 글을 다룰 줄 알아야

한다고 여겼고, 그래서 3년 또는 4년마다 다른 주제를 선택해서 공

부했다. 그가 공부한 분야는 통계학, 중세 역사, 일본 미술, 경제학

등 다방면에 걸쳤다. 3년 정도 공부한다고 해서 그 분야를 완전히 터

득할 수는 없겠지만 해당 분야에 대한 이해는 충분히 높일 수 있다.

그런 식으로 그는 60여 년 동안 3년 내지 4년마다 주제를 바꾸어

공부했다. 이 방법은 상당한 지식을 쌓을 수 있도록 해주었을 뿐 아니라 새로운 주제와 새로운 시각 그리고 새로운 방법에 대한 개방적인 자세를 취할 수 있도록 도왔다. 하나의 주제를 학습한다는 것은 대학원 과정을 수료하는 것과 유사하다. 학사학위를 받고 대학을 졸업한 이후에도 우리의 인생은 지속된다. 진짜는 학위 이후부터다. 피터 드러커처럼 지적 생산의 출발점에 서기 위해서는 이제부터 '읽기'에 기대어야 한다.

언어지능은 용불용설(用不用說)의 적절한 예다. 자주 활용해야 그 풍요로움에 대해 눈을 뜬다. 풍부한 어휘의 맛을 본 사람은 세상을 디테일하게 표현한다. 여행 에세이 한 편만 읽어 봐도 얼마나 풍부한 세상이 있는지 알게 된다.

누구나 자신의 '어휘 세계' 안에서 산다. 나의 어휘는 내 삶의 한계를 드러낸다. 사람은 어휘만큼 상상하고, 어휘만큼 기획한다. 어휘가 짧으면 세계도 그만큼 단조로워진다. 어휘는 세계를 열어 밝혀주는 근원이자 내 생각의 원천이다. 새로운 어휘의 인풋이 없을 때 시곗바늘은 멈춘다. 시간은 새롭게 열리지 않는다.

'적자생존(적는 사람이 살아남는다)', '내면지능(자신과 소통하는 지능)' 등 하나의 개념이 창출되기 위해서는 개념의 옷, 언어가 필요하다.

책 제목에 사용되며 널리 알려진 '넛지', '블링크', '그릿', '의식혁명', '감성지능', '실용지능' 등도 모두 새 옷을 입은 언어들이다. 하나의 단어는 새로운 개념 제시다.

상상력의 세계에서 언어는 원자재다. 그 언어를 활용하는 사람에 따라 세계는 무궁무진 달라진다. 사람에게는 지식공장이 있다. 그 공장에서 당신은 컨베이어벨트의 한 부분을 맡은 노동자가 될 수도 있고, 생산품을 결정하는 오너가 될 수도 있다. 무엇을 투입해서 어떤 세계를 만들 것인지는 읽는 사람만이 결정할 권한을 갖고 있다. 언어의 분리와 언어의 합성이 가능해진 독서가에게는 개념도 장난감처럼 조립과 분해가 가능하다. 그의 손에는 만능 드라이버가 들려 있다. 그래서 개념과 개념을 합치기도 한다. 하나의 개념을 쪼개기도 한다. 여러 개의 개념을 묶어 덩어리를 만들기도 한다. 낯선 개념을 도출해내기도 한다. 기존 개념을 전혀 다른 범주에 넣기도 한다.

이 모든 것들이 창의와 연관된다. 이 능력은 SNS, 보고서, 에세이, 설명글, 기고문, 칼럼, 저서, 논문, 문학, 비문학 등 모든 영역에서 활용된다. 언어야말로 후천적인 시간 투자로 생산적인 삶을 가능케 한다. 읽기는 평생 학습의 토대가 된다. 100세 평생 학습의 시대, 단행본만큼 지식 습득에 좋은 것도 없다. 시공간이 자유롭고 가성비도 높다. 한 분야를 100권 정도 읽으면 준전문가에 이른다. 전공만큼의 실력이 붙는다. 저자들의 다양한 관점을 익힐 수 있다. 어떤 키워드를 학습하고 싶으면 단행본을 먼저 집어 드는 것은 여전히 추천하고 싶은 방법이다. 저자의 이력이 10년 이상 된다면 독서는 세월을 버는 일이다. 그래서 나는 어떤 분야를 탐구해나갈 때 책을 먼저 추천한다.

고급 독서가에 이르면 지적 생산이 가능해진다. 인풋이 물리적인 임계점을 넘고 나면 아웃풋으로의 이행이 가능하다. 현장 경험도 쌓여 있고 단행본 독서로 다양한 지식도 습득된 상태라면 지식공장 공장장이 될 수 있다. 이것이 100세 시대 평생 현역을 가능하게 만든다. 물론 읽기를 통한 흡수에는 반드시 현장에서 쌓은 다양한 경험과, 맥락을 꿰어 맞출 수 있는 단일한 관점이 갖춰져야 한다. 콘텐츠를 생생하게 만드는 힘은 임상 경험에 있다.

내 주변의 작가들에게는 자신의 관심사와 관련된 키워드에 관해 전천후 장악력이 있다. 그들은 자신의 경험을 중심으로 습득한 지식을 조립하여 언제라도 한 권의 책을 써낸다. 펜을 들기 전에 지인들에게 '나 글 써.' 하고 선포하고 일정 기간 작업에 들어가 탈고를 끝낸다. 수개월 집중은 다반사가 된다. 물론 알을 깨고 나오는 산고의 고

통도 겪어야 한다. 하지만 지적 생산 후에 오는 희열이 더 크다. 생산의 즐거움을 멈출 까닭이 없다. 자신을 유폐시키는 만큼 또 다른 자신과 만날 수 있다. 작업 전에는 응원과 덕담을 건넨다. 그리고 작업을 끝내면 격려와 공감을 나눈다.

타인의 책은 나의 지적 생산의 원자재가 된다. 창조는 모방을 통해 불쑥 얼굴을 내민다. 읽다보면 영감이 떠오른다. 읽어야 쓸 것들이 보인다. 그런 이유로 15,000원의 책 한 권은 가성비와 가심비 모두 크다. 책은 훌륭한 원자재다.

박재선 외교관은 발군의 프랑스어 실력으로 외교관에 발탁되어 40여 년을 한 길처럼 외교 일선에서 활약한 전문가다. 그는 프랑스 유학 시절, 방세가 싼 곳을 찾아 동유럽 출신 유대인 집단 거주촌 게토에 기숙했다. 그러다 유대문화에 푹 빠져 유대인의 삶을 관찰하고 연구했다. 외교관이 된 후에도 부임지마다 현지 유대인을 찾아다니며 대화를 이어갔다. 그렇게 유대인의 역사, 문화, 철학을 연구하며 유대인 최고의 전문가 자리에 올라섰다.

그 과정에서 그가 손에 넣은 데이터는, 미국과 유럽에서 출간된 기본도서 300여 권과 파일 50개 분량의 유대 관련 자료였다. 특히 유대인과의 대화를 통해 얻은 정보와 분석을 기록해둔 개인 재료가 자랑거리다. 이 3종의 자료들은 그의 기본 배경지식이 된다. 남은 일은? 가공하는 일밖에 없다. 그가 자신만의 경험과 관점에서 엮어내면 하나의 세계가 창조된다. 콘셉트를 잡고 목차와 체계성을 부여하면 일관된 맥락을 가진 한 권의 책으로 탈바꿈될 수 있다. 단단한 읽기에서 시작된 그의 탐구는 듣기, 관찰하기로 이어지며 2010년 〈세계를 지배하는 유대인 파워〉, 2013년 〈100명의 특별한 유대인〉을 낳았다.

나 역시 책을 이정표 삼아왔다. 내 인생을 지배하는 큰 카테고리는 읽고 쓰는 일이었다. 2004년 〈지력혁명〉이라는 책을 읽고서 하워드 가드너 박사의 '다중지능'에 대해 파고들게 되었다. 다중지능(내면지능, 대인관계지능, 공간지능, 논리수학지능, 신체운동지능, 언어지능, 자연탐구지능)이 삶 속에 들어와 가지를 뻗어나갔다. 인간의 강한 정신력에 관한 내면지능은 단행본으로 나왔고, 이 책도 〈지력혁명〉으로부터 갈라져 나온 하나의 가지다.

모든 것은 독서로 시작된다.

04

책은
연못에 던져진 바위다

전문가들은 대부분 저서가 있다. 평생의 노하우를 모아 한 권의 대중서로 집약한다. 유튜브, 페이스북, 인스타그램 같은 SNS도 그의 노하우를 공유하는 주요 매체지만 책만큼 특별한 것 같지는 않다. 그가 출연한 방송을 접하는 것과, 그의 저서를 읽는 것은 수용자인 내 입장에서는 전혀 다른 행위다. 시청자는 보고 넘어가지만 독자는 읽고 사유한다. 방송을 보는 나는 수동적 입장이 되지만 책을 읽는 나는 능동적 입장이 된다. 보고 들을 때는 사유가 개입할 필요가 없으나 읽을 때는 내 생각이 적극적으로 개입한다. 독서하는 동안 우리는 질문하고 비판하고 제3의 의견을 제시한다. 독서하는 동안 우리는 자기 삶과 저자의 삶을 대조하거나 저자가 펼쳐서 보여주는 그 배경에 나를 놓아보기도 한다.

저자와 내 삶을 연동시키는 적극적인 생각 불러일으키기를 하면, 텍스트는 내 것이 된다. 책은 뇌세포의 연못에 던져지는 바위다. 풍덩, 잠자던 연못이 깨어난다. 연못 바닥에 가라앉아 있던 기존의 지식들이 먼지처럼 일어나며 물속은 일대 혼란에 휩싸인다. 그리고 새로운 자리 찾기가 이어진다. 부유하던 바닥 지식들이 새롭게 정렬된 자기 위치를 찾아 가만히 내려앉는다. 나의 뇌에서 의미재구성이 일어난다.

바위 떨어뜨리기를 통해 지식의 연결망을 숱하게 만들던 독자는 어느 날 지식생산자가 된다. 이제는 바위를 던지지 않아도 안에서 빅뱅이 일어난다. 임계점을 넘어서면서 생산자로 진화한다. 결국 읽는 사람이 쓴다.

고미숙은 고전평론가다. 공부를 지상 최고의 가치로 여기신 부모님 덕분에 가난했지만 '공부복'은 많았다. 그는 지난 십여 년간 '수유+너머'에서 활동했고, 2011년 이후 인문의역학연구소 '감이당'에서

'공부와 밥과 우정'을 동시에 해결하고 있다. '감이당'의 모토는 몸·삶·글의 일치로, '아는 만큼 쓰고, 쓰는 만큼 사는' 길을 열어간다. 그가 지금까지 낸 수많은 책들 역시 독서가 바탕이었다. 특히 연암에 대한 그의 책 〈조선에서 백수로 살기〉는 백미다.

그는 '일, 관계, 여행, 공부'의 키워드로 청년의 삶을 구분한 뒤 주제에 따라 연암이 어떤 방식으로 살았는지 추적하는 와중에 삶 전체를 꿰뚫는 한 가지 키워드, 즉 연암의 당당한 자신감을 꺼내든다. 위트를 지녔던 '조선 백수' 연암을 통해 헬조선에서 생존하는 지혜로운 방법을 배워보자는 게 골자다. 제도 속 권력, 부의 유혹에 대해 호탕하게 웃어젖히며 자신의 삶을 살았던 연암의 이야기를 통해 작가는 우리 시대의 해법을 보여준다.

도올 김용옥 교수 역시 해박한 독서를 바탕으로 동양 고전을 쉽고 재미있게 풀어낸다. 시인, 시나리오 작가, 희곡 작가, 한의사, 예술가, 기자 등 다양한 명함을 갖고 있는 그의 이력에서도 수만 권의 독서는 빠지지 않는 자양분이 된다. 그런 다방면의 독서 덕에 갓을 쓰고 입을 열면 절차탁마요, 물소 등을 타고 노래를 부르면 상선약수가 된다.

이런 그도 어린 시절에는 '돌대가리'라는 소리를 들으며 자랐다.

'도올'이라는 호 또한 '돌'이라는 음에서 취한 것이다. 여러 대학을 전전했고, 젊은 나이에 악성 관절염에 걸려 꼼짝없이 병상에 누워 지냈는데 아버지의 병원 2층 한구석에서 보낸 1년 반의 치료기간 동안 그는 독서삼매경에 빠지며 자신의 영혼을 살찌우는 기회로 삼았다.

그는 참기 힘든 고통 속에서도 가만히 누워 있길 거부하고, 병실 천장에 책을 읽을 수 있는 걸이를 만든 뒤 불교, 신유학, 한의학, 신학, 음악, 미술에 이르기까지 수천 권의 책을 읽었다. 당시 간호사를 시켜서 천안에 있는 서점의 책을 싹 사들여 읽었다는 얘기는 유명하다.

우리 시대를 대표하는 지식인 유시민 작가. 그는 글쓰기뿐 아니라 시사 교양, 예능까지 섭렵하며 인문학의 새 지평을 열고 있다. 한때 몸담았던 공직을 등지고 '지식소매상'이라는 타이틀로 다시 돌아왔을 때, 그가 한 일은 옛날에 읽었던 책들을 다시 꺼내 보는 것이었다. 그가 꺼내 든 14권의 고전은 모두 한 사회를 뒤집고 한 시대를 흔들었던 위험하고도 위대한 책들이었다.

그는 왜 옛 책들을 다시 집어 들었을까? 유시민 작가는 "이미 지나온 길을 되돌아갈 수도 없고 어디에서 어긋난 것인지 찾아내야 하는 지금, 삶에서 이정표가 되었던 책들, 갈림길과 장애물이 나타날 때마다 도움을 받았던 '오래된 지도'를 다시 꺼내 든" 것이라고 말한다.

'혹시 내가 가지고 있는 지도가 잘못된 것은 아니었을까?' 하는 마음으로 오래된 책들을 들여다보면서, 30여 년 전에 읽었을 때는 미처 발견하지 못했던 돌 틈의 민들레와 만난다. 새 날의 눈으로 바라본 옛 그 책들에는 삶의 다양성과 평등성이 담겨 있었다.

"인생에는 우열을 가릴 수 없는 여러 길이 있다."

이 책 〈청춘의 독서〉는 대한민국이라는 나라에서 누구보다 뜨거운 청춘의 시기를 보냈던 유시민이라는 한 사람의 삶에 새겨진 깊고 뚜렷한 흔적이기도 하며, 동시에 인류가 존속하는 한 사라지지 않을 뜨거운 질문에 대한 답을 찾아가는 여정이기도 하다.

고미숙, 김용옥, 유시민, 그리고 책을 스승 삼아 살았던 사람들은 이제 책의 벗이 되어 생산자로 변태한다. 옛 옷을 벗어던지도록 만드는 힘이 책에 있다고, 다시 말하지 않겠다.

가장 인간적인
4가지 도구의 힘

05

갈수록 책이
즐거워짐에 대하여

어휘로 오감을 넘나드는 지적 쾌감을 아는 사람은 그 맛을 포기할
수 없다. 한번 두꺼운 책의 관문을 돌파한 사람은 두께의 두려움을
떨친다. 읽을수록 가속이 붙는다. 어휘는 읽은 만큼 늘어난다. 독서
의 일정 분량이 채워지면 한계를 돌파한다. 수채화 물감이 화선지 적
시듯 언어자본 역시 점점 퍼져간다. 시간과 노력은 보이지 않는 능력
으로 이어진다.

언어지능의 필요성은 새삼 논할 까닭이 없다. 미국 컨설팅회사들

은 어휘구사력과 연봉의 비례관계를 제시하며 언어 감각이 뛰어난 사람을 뽑을 것을 독려한다.

　독서가 충분히 이루어진 사람은 새로운 지식을 쉽고 친숙하게 받아들인다. 스키마(schema, 과거의 경험이나 지식들을 토대로 새로운 경험을 친숙하게 받아들이는 것) 때문이다. 범주화의 과정이 남아 있긴 하지만 그들은 유리한 고지를 선점한다. 새로운 정보 창구로서의 책이, 또 다른 새로운 정보를 불러들이는 마중물 역할을 한다. 책이 책을 부른다.

　독서 수준은 초급, 중급, 고급의 단계를 거쳐 성장한다. 독서 초보는 흥미단계에서부터 시작한다. 그리고 중급 과정에서 여러 독서법을 실험하는 단계를 거친다. 이 시기엔 시간과 열정, 비용이 요구된다. 그러다 고급단계에서 자신만의 비법이 생겨나고, 내 안에서 끄집어낼 게 생기는 생산 단계까지 연결된다. 지식을 다룰 수 있는 역량이 생기고, 그래서 응용이 가능해지고, 필요한 무언가를 만들어낼 수 있는 때가 찾아온다. 물론 중급 단계에서 열정과 시간을 투자했기 때문에 가능한 일이다. 도모하고 실험하는 가운데 점점 능숙해지고 잘하게 된다. 어느 분야든 고수의 단계는 주머니 속 송곳이 된다.

　그 이름만으로 독서가들의 부러움과 존경을 한 몸에 이끌어내는 인물이 있다. 일본의 대표적 지성으로 손꼽히는 다치바나 다카시다. 인간과 사회, 그리고 자연과 우주, 생명과 신학 등 그가 손을 댄 주제를 보면 그가 과연 한 사람인지 혹은 어떤 단체를 대표하는 이름인지 의심케 한다. 그는 자신만의 서고인 '고양이 빌딩'을 가지고 있는데, 지하 2층부터 옥상까지 책밖에 없다.

그의 저서 〈다치바나 다카시의 서재〉는 관광 명소가 되어버린 그의 고양이 빌딩과, 또 다른 서고인 산초메 서고 그리고 릿쿄 대학 연구실 서가를 한눈에 구경할 수 있는 책이다. 약 20만 권에 달하는 그의 책들은 그가 학생 시절부터 모은 것들로 문학, 언어학, 수학, 생물학, 사회학, 미술사, 천체물리학, 신학 등 전방위적인 그의 관심사가 어떻게 형성되어왔는지, 또 그러한 관심들은 어떻게 서로 연계되어 확장되어 왔는지 살필 수 있다.

교육 서비스 회사 휴넷은 직원 교육에 많은 투자를 하고 있다. 조영탁 CEO가 입에 달고 사는 말도 '고3 때보다 더 열심히 공부하라'다. 이유가 흥미롭다. 첫째가 자기 자신을 위해서이고, 둘째가 회사를 위해서이고, 셋째가 고객을 위해서다. 휴넷에서는 365학점제를 운영하고 있다. 매일 하루에 한 시간씩 공부하는 제도다. 제대로 지키지 않으면 인사고과 승진에서 불이익을 당한다. 다행히 전 직원의

90% 이상이 학점을 이수한다.

매주 금요일 아침 8시에는 외부 전문가를 모시고 강의를 듣는다. 혁신 아카데미다. 또한 5년 만근자에게는 한 달간의 학습휴가를 유급으로 제공한다. 이 회사의 모토 중 하나가 전 세계에서 가장 많이 공부하는 회사다. 365학점제로 운영되는 이 회사의 커리큘럼에는 당연히 독서가 포함되어 있다. 책 한 권을 읽고 독후감을 제출하면 6학점을 인정해 준다.

또한 업무 관련성을 떠나 직원들이 책을 구매하고 싶을 때는 100% 지원한다. 회사 곳곳에 비치된 책이 1만 권을 넘어선 지 오래다. 매년 필독서를 지정하고, 휴넷 추천도서 리스트를 만들어 직원들의 독서를 장려한다. 휴넷 조영탁 CEO는 독서의 중요성을 잘 알고 있을 뿐 아니라 아는 것을 잘 실천하는 사람이다.

독서가란, 그 사람 주변에 언제나 책이 놓여 있다는 의미다. 잠깐 커피전문점에 들러서 어느 페이지든 펼쳐보고 배시시 혼자 웃는 사람이 진짜 독서의 향연을 즐기는 사람이다. 작심하고 덤벼드는 요란한 독서는 독서가 아니다. 표지가 예뻐서 책을 구매하고, 남들이 읽으니 나도 읽는다는 사람은 독서가가 아니다. 진짜 독서는 혼자 음미하면서 지적 풍요로움을 맛보는 일이다. 독서 고수라면 이미 텍스트와 하나가 된 일상을 살아간다. 텍스트로 자문자답하고 책과 동고동락하는 삶이다.

책은 우리의 시공간 좌표와 무관하게 언제든 수많은 멘토를 만날 수 있는 비밀의 문이다. 피터 드러커를 만나고 무라카미 하루키를 만나고 한강을 만나고 들뢰즈를 만나고 지젝이나 바디우를 만난다. 시간의 강물을 가로질러 선인들의 이야기를 만나는 일이 책만큼 쉽게 되는 것도 없다.

한 개인이 활용할 수 있는 물리적인 시간과 에너지에는 한계가 있다. 그러나 우리는 책을 통해 춘추전국 시대 백가쟁명의 이야기를 듣고, 로마 시대의 황제와 집정관이 다투는 모습도 볼 수 있으며, 2차 대전 당시 프랑스 덩케르크에서 독일군의 공세를 피해 탈출한 영국군과 프랑스군의 절박함도 만나고, 중세의 마녀 사냥에 희생된 사람의 목소리도 들을 수 있으며, 대공황기의 한숨과 눈물도 볼 수 있다. 지금 책만 펼치면 얼마든지 시공간 이동이 가능하다.

이와 같이 시공간을 초월하여 사람을 만날 때 우리는 반드시 특정 키워드와 마주하게 된다. 삶, 고뇌, 부모, 죽음, 갈등, 관계, 가족, 공부 등 인류가 공통적으로 마주하는 경험들이다.

그러므로 책이 즐겁지 않다고 그 누가 말할 수 있겠는가.

06
편식 독서를
극복하라

주변 지인 중에는 문학 작가들과 비문학 작가 두 부류가 있다.

먼저 문학 작가들을 만나면 행간의 의미까지 들을 수 있어 좋다. 주제 역시 종횡무진 경계를 넘나든다. 인간에 대한 알파와 오메가 그 어떤 이야기들을 늘어놓아도 대화가 꼬리를 문다. 도대체 한계라는 것이 없다. 누군가 '왜?'나 '어떻게?'라고 묻지 않아 뒤로 돌아가는 수고가 없다. 어떤 소재든 끌리는 대로 대화를 나눈다. 놀랍지 않는가, 두 번 반복하거나 길게 설명할 필요가 없다는 사실이?

작가들의 영혼은 언제나 갈증으로 타는 듯하다. 누군가 어떤 주제, 어떤 책에 관해 말하면 득달같이 달려든다. 흡수 능력이 대단한 존재들이라고밖에 볼 수 없다. 포만감에 지쳐 떨어진 사람을 본 적도 없다. 습자지와 같은 무한 열정이 지식을 탐한다. 아웃풋(out-put)보다 인풋(in-put)이 훨씬 많다. 써내는 것보다 더 많이 읽는다. 문학의 지평은 끝이 없다. 굶주린 포식자 같은 작가들을 볼 때마다 그 굶주림에 부럽다.

문학은 사람 살아가는 일에 관한 것이다. 희로애락이 담긴 스토리다. 가끔 문학보다 픽션 같은 현실을 만나기도 하지만 문학만 한 인간 백과사전은 없어 보인다. 삶에서 의미 찾기를 잘하는 사람이 있다면 그 사람은 문학을 많이 접해 본 사람이라고 할 수 있다. 문학은 타인의 생을 통해 인식의 지평을 넓히는 좋은 장르다. 작품 한가운데 나를 놓아보면서 관계에 대한 의미재구성을 시도한다. 문학을 섭렵한 사람이라면 관계망에 대한 감각이 탁월하다. 사람 사이, 해석능력이 뛰어나다.

우리는 문학작품을 읽으면서 감수성을 키울 수 있다. 정서적인 성장, 성숙은 평생 지속된다. 문학은 공감과 소통 능력을 높여주며 인간과 세계에 대한 이해를 깊게 만든다. 문학이 가진 깊이는 한 번에 끝까지 가기 힘들다. 그 때문에 나이 들어 다시 찾아보게 된다. 충분한 인생 경험을 쌓은 뒤에 읽는 문학은, 아무것도 모르고 읽었을 때와는 이미 같은 맛이 아니다.

작가들 중에는 삶에 쫓긴다 싶을 때 훌쩍 국외로 떠나는 사람들이 있다. 집필하는 공간은 국내외를 막론한다. 가장 적합한 곳에 스스로를 유폐시킨다. K 작가는 소설을 쓰다 동화로 바꾸었다. 상은 수십 번 받고 얼마 전 〈소리당번〉이라는 동화도 출간했다. 시, 소설, 시나리오, 동시, 수필, 소설 등을 두루 섭렵하다 동화를 종착지로 선택했다.

K 작가 역시 자주 중국의 산으로 떠난다. 중국 명산의 매력에 빠져 무협지를 수천 권 읽었다. K는 자신이 주화입마(走火入魔) 상태에 빠져 있다고 말한 적이 있다. 은퇴를 하면 중국 계림 같은 곳에서 창작 생활을 이어갈 것이란다. 지금도 무협지를 계속 보고 있으며, 계림, 황산, 태산 등 중국 산들을 돌아다니다 문득 사진을 보내온다. 소설에서 동화 장르로 갈아탔지만 감수성이 어디 가랴. 열정 넘치고 감정 풍부한 작가들이 글도 잘 써내는 듯하다.

반면 비문학 작가들은 감성이 풍부하지는 않다. 대신 각자의 전문 분야를 갖고 있으며, 반듯한 논리와 이성적인 능력을 뽐낸다. 비문학은 근거로 움직이는 글쓰기다. 누가 얼마만큼 신빙성 있게 쓰느냐 차이다. 비문학에는 인문, 과학, 언어, 사회, 기술, 예술 등의 분야가 포함된다. 우리가 평상시에 접할 수 있는 거의 모든 정보가 다 비문학이다. 심지어 과학 잡지나 신문 등도 여기에 속한다. 비문학을 통해 정보를 습득하면서 맥락이 생기고 분석 능력도 커진다.

비문학은 지식 정보화, 고령화 사회엔 꼭 필요한 독서다. 우리가 알고 싶고 궁금해 하는 모든 것을 다룬다. 평상시에 관심이 없던 분야도 '애완견 키우는 법, 1일 1식, 감응력, 1인 기업' 같은 실용서로부터 배경지식을 배울 수 있다. 지식 전달과 이론 제시, 관점 제안을 목적으로 하기 때문에 지성이 자극을 받는다. 비문학이 가진 가장 좋은 점은 타인의 노하우를 실천하면서 적용할 수 있다는 데 있다.

나는 대부분 비문학을 통해 정보를 습득한다. 궁금한 것들 몇 권을 읽다 보면 알게 되는 기본적인 것들이 있다. 비문학에서 사용하는 언어는 문학과 달리 명확하다. 저자의 사고방식이나 지식을 이해하며 읽는다. 최근 4차 산업과 관련된 큐레이션, 콘텐츠의 미래, 빅데이터, 사물 인터넷, 공유경제 등과 같은 시대적인 흐름도 비문학에서 관련 지식을 얻는다. 시대와 호흡하려면 비문학의 도움이 절실하다.

소설가 한창훈은 〈한창훈의 나는 왜 쓰는가〉라는 책에서 작가가 되고 싶다면, 비문학적인 것에도 관심을 가져야 한다고 했다. 소설가가 되고 싶더라도 소설만 읽고 문학만 읽는 건 어리석은 일이니 반대의 것을 해야 한다며 천체물리학을 추천하기도 했다. 비문학을 통한 배경지식 쌓기는 아웃풋의 기초가 된다. 아는 만큼 근거를 댈 수 있기 때문이다.

비문학은 현업을 공고하게 만드는 힘도 있다. 글로벌 경제 아래에서 내 직업의 현 주소와 나아갈 방향을 알게 된다. 무엇을 더 업그레이드해야 할지 감도 선다. 직업의 객관적인 좌표가 확인된다. 직업에 대한 정확한 시장성을 알아야 직업으로서 진화 내지 좌표이동도 가능하다. 평생 현역을 외치는 시대, 비문학을 통하여 평생학습 시스템을 구축해나갈 수 있다. 100세 시대에 비문학은 언어자본이 될 수 있다.

지금껏 편식했다면, 불균형한 당신의 인풋 스타일을 바꾸어본다.

07

읽었으면
꼭 걷기

덴마크 철학자 쇠렌 키르케고르는 실의에 빠져 몹시 피폐하고 음울한 삶을 살았다. 그는 어머니를 여의었고, 다섯 형제를 앞서 보냈다. 척추는 휘었고, 한 여자를 사랑해서 약혼까지 했지만 평범한 결혼 생활을 함께해줄 수 없다는 생각에 파혼했다. 그는 죽는 날까지 그녀를 잃은 슬픔에 휩싸여 살았고, 항상 불안에 떨었다.

그러나 그는 단순하게 걷기만 하고도 정신적인 위로와 평안을 맛볼 수 있었다. 1847년, 그는 조카 헨리에타에게 보낸 편지에 이렇게 썼다.

"무엇보다 걷고자 하는 열망을 잃지 않길 바란다. 날마다 나는 나 자신을 행복 속으로 바래다주고, 모든 아픔에서 걸어 나온다. 나는 나 자신을 최고의 생각 속으로 데려다준다. 그리고 나는 사람이 걸어 나오지 못할 정도로 괴로운 생각을 알지 못한다."

소설가 찰스 디킨스도 산책을 즐겼다. 집필에 열중할 때면 하룻밤에 '런던의 어두운 거리'를 25킬로미터씩 걸었다고 한다. 그는 걸으면서 소설을 구상했는데 걷기는 그의 창조성에 불을 붙였다. 그가 1843년 겨울밤에 산책을 하다가 영감을 얻은 소설이 〈크리스마스 캐럴〉이다. 그는 걷는 동안 마음속으로 글을 쓰면서 웃음을 터뜨리다가, 흐느끼다가, 또 흐느꼈다고 한 친구에게 고백했다.

일생동안 우울증을 앓았던 독일 철학자 프리드리히 니체. 그도 다행히 산책을 하면서 사유하고 우울증을 치료했다. 1888년, 〈우상의 황혼〉에서 그는 앉아서 지내는 삶은 성령을 거스르는 진정한 죄악이고 걷기를 통해 나오는 생각만이 가치를 지닌다고 했다. 〈즐거운 학문〉이라는 책에서도 그는 '탁 트인 공간에서 생각하는 것, 인적 드문 산이나 바닷가에서 걷고, 뛰고, 오르고, 춤추는 것이 우리의 관습이다. 그런 곳에서는 길마저 사색에 젖는다.'라고 썼다.

기원전 4세기경, 아테네에서 아리스토텔레스를 추종하는 무리가 있었다. 그 당시에는 아테네의 시민만 재산을 소유할 수 있었는데, 아리스토텔레스는 아테네의 시민이 아니었다. 그래서일지 모른다. 그들은 지붕이 있는 보도인 주랑에서 모임을 가졌고 사람들은 이들을 '주랑학파'라고 불렀다. 아리스토텔레스는 제자들과 함께 이곳저곳을 산책하며 대화했다. 그래서 그의 사후에는 '소요학파'라고 불렸다. 이들에게는 정해진 교육과정이나 과제, 수업료 등은 없었다. 모든 참여자가 협력자였다. 아리스토텔레스가 생존했을 때는 학파에서 요구하는 규칙도 없었다. 그가 소요하며 제자들에게 건넨 가르침은 '덕'에 관한 것이 많았다.

　칸트는 시계처럼 정확한 생활습관을 지켰다. 산책 시간뿐 아니고 그는 모든 일을 할 때 계획을 세우고 정해진 시간에 따랐다. 매일 아침 5시에 일어나서 강의를 준비하고, 7시면 강의를 시작했다. 강의가 끝나면 연구와 글쓰기를 했는데, 오후 5시가 되면 혼자 동네 주변을 산책했다. 그가 산책하던 길은 '철학자의 길'이란 이름으로 불리게 되고 관광 명소가 되었다. 칸트가 산책을 빼먹은 적이 평생 동안 딱 한 번 있었는데 바로 루소의 〈에밀〉 때문이다. 그 책이 너무 재미있었기 때문에 중간에 읽기를 멈출 수 없어서 며칠 동안이나 산책을 못했다고 한다. 칸트는 늘 혼자서 산책을 했는데 공부의 연장이었을 것이라고들 말한다.

그들은 왜 걸었을까?

머리를 식히기 위해? 우울감을 떨쳐내기 위해? 둘 다 맞는 말처럼 보인다. 그런데 그들이 세상에 내어놓은 결과물을 놓고 보면 걷기는 사색과 연관이 깊어 보인다. 음식을 섭취한 변온동물이 햇볕이 잘 드는 나뭇가지나 바위에 올라가듯, 머릿속으로 욱여넣은 지식을 내 살이 되도록 만드는 과정이 걷기였다. 공부만 하고 생각하지 않으면 고루한 사람이 되고, 생각만 하고 공부하지 않는 사람은 고집쟁이가 된다고 했다. 공부한 뒤에는 반드시 이를 소화시키기 위한 시간을 만들어야 하는데 그게 바로 걷기다.

걷기는 그러므로 사색하는 시간이 된다. 사색은 동일한 하루 24시간을 다른 결로 만들어준다. 사색을 통해 하루를 다르게 만든 사람은 더 높은 가치의 시간으로 날아간다.

사색은 나무를 베는 일이 아니라 톱날을 가는 일이다. 인생은 도전과 응전으로, 날마다 생기는 문제들에 대한 응전이다. 사색을 통하여 날을 벼린 사람은 같은 도전 앞에서 다른 응전을 펼친다. 그 차이나는 응전의 결과물이 그 사람의 삶을 증명한다. 사색은 노동만큼 중요하다. 우리는 한 순간도 생각 없이 살 수 없다. 개념 있는 삶과 없는 삶은 시간이 지나면 그 차이를 극명하게 드러낸다.

루틴(Routine)은 점점 탁월해지는 삶을 말한다. 그런데 루틴이 루틴 자체가 될 때 문제가 된다. 탁월한 삶의 지향이 사라지고 그 자리에는 매일 반복되는 행동만 남는다. 그런 껍질만 남은 루틴에는 파격, 도발, 모험, 도전이 결여된다. 만일 이와 같은 루틴의 삶이라면 사색할 여유가 필수적이다. 그래서 두 가지를 제안한다.

첫째, 산책할 것. 이것은 걷기를 말한다. 만보기 앱을 통해 하루에 얼마를 걸었는지 자주 올리는 작가들이 주변에 많다. 걷기를 통해 퇴고를 한다는 말도 한다. 또한 작품 구상이나 기획에도 도움을 받는다고 전한다. 걷기를 통해 얻을 수 있는 이익은 실로 많다. 욕조에 들어가 유레카를 외쳤던 아르키메데스만큼이나 놀라운 아이디어를 건질 수 있다. 삶에 반전을 불러올 수 있는 기획이 숨어 있다.

둘째, 차를 마실 것. 걷기의 끝에 차가 있으면 더 좋겠다. 그러나 걷기 대신으로 차를 마시는 것도 좋을 것 같다. 차를 마시다 보면 사람이 차분해진다. 차분한 마음으로 격랑을 바라보면 그저 작은 파도에 지나지 않는다. 차분함은 직관을 불러온다. 굳이 머리를 쓰지 않고 바로 안다면 얼마나 좋은가. 직관은 정공법을 알려준다. 활용하지 않을 뿐 우리에게는 제3의 눈, 직관이 있다. 테이크아웃 커피를 마시는 것과 찻잔에 따른 차를 마시는 행위는 차분함에서 분명 다를 터이다.

다시 프리드리히 니체의 말이다.

'걷기를 통해 나오는 생각만이 어떤 가치를 지닌다.'

08

독서가
쉼이 되는 이유

뉴욕타임스는 취임을 앞둔 버락 오바마 미국 대통령의 독서열에 대해 '사람들을 설득하고 영감을 주는 오바마의 웅변술이 만들어지는 것에 많은 것이 기여했지만, 언어의 마술에 관한 이해와 독서열이 그가 미국인과 자신의 생각을 소통하는 드문 능력뿐만 아니라 오바마 자신의 정체성과 세계관을 만드는 데 기여했다.'고 강조했다.

오바마 전 미국 대통령은 당선 이후 페이스북에 3대 애독서를 소개했다. 〈모비 딕(Moby Dick)〉, 셰익스피어의 희곡, 에머슨의 〈자기 신뢰〉이다. 소설 〈모비 딕〉은 포경선장 에이허브와 거대한 흰 향유 고래인 모비 딕의 운명적인 대결을 그렸다. 폭풍의 바다에서, 생과 사를 넘나드는 대모험을 통해 자연을 거스르는 인간의 근원적인 욕 망과 좌절을 담았다. 포경선 피쿼드 호는 파국을 맞았는데 구사일생 으로 돌아온 청년 이스마엘이 이야기하는 형식으로 구성되었다.

대통령의 도서 목록이 화제가 된 것은 미국에서부터다. 1961년 한 잡지에 케네디 대통령의 애독서 10권이 소개되었고 도서 판매량이 급증했다. 그 후에 대통령의 도서 목록 공개는 백악관에서 관행이 되 었다.

우리나라에서도 같은 현상이 벌어졌다. 한 책이 문재인 대통령의 책으로 불리며 불티나게 팔렸다. 대통령이 휴가 기간 동안 읽고 이 책을 추천한 후에 하루 판매량이 800권가량 늘었다. 특히 40대 남성 들이 많이 구매했다.

몇 권이 팔렸는지는 차치하고, 왜 휴가 갈 때 책을 챙긴 걸까? 쉬 면서 국정 구상을 하는 게 더 나은 거 아닌가? 한데 문 대통령만 그 런 게 아니다. 세종대왕도 독서 휴가를 떠난 것으로 유명하고, 김대중 대통령도 책 없이 다니질 않았다. 기업가인 빌 게이츠도 휴가 때는 책을 들고 다녔으니 쉬는 시간을 독서 시간으로 활용한 위인들이 정말 많다.

위인만 그런 게 아니다. 휴식과 독서가 붙어 다니는 나라도 있다. 스웨덴이다.

연평균 독서율이라는 개념이 있다. 15세 이상 국민 중 1년에 책 1권 이상을 읽는 사람의 비율을 의미한다. 스웨덴의 연평균 독서율은 90%로, EU 평균 68%보다 월등히 높다. 실제로 지하철이나 버스, 공원, 휴식 시설, 플랫폼 등에서 책 읽는 사람들을 쉽게 볼 수 있다. 최근에는 스마트폰을 보는 사람들을 거리에서나 대중교통 안에서도 볼 수 있지만 독서율이 낮아지진 않았다. 무엇보다 공공 도서관은 그들의 독서량을 가늠하게 한다. 스웨덴에는 300여 개의 공공 도서관과 1,000여 개의 분관이 있다. 그들의 독서는 공공 도서관에서 이뤄진다. 그 중심에는 세계에서 가장 아름다운 도서관인 스톡홀름 시립 도서관이 있다.

〈죽기 전에 꼭 봐야 할 세계 건축 1001〉이라는 책의 책임 편집자인 마크 어빙. 그는 이 도서관 열람실을 '연마 끝에 순수한 기하학의 경지에 오른 주지주의의 저장소로 오르는 것과 같은 느낌'이라고 표현했다. 스톡홀름을 찾은 외국 관광객에게 '스톡홀름에서 꼭 가보고 싶은 건물'을 물었을 때 79%가 스톡홀름 시립도서관을 꼽았다. 매일 오후 퇴근 무렵이 되면 많은 시민들이 이곳에 와서 자유롭게 책을 읽다가 간다. 책 대출도 자유로워 시민은 물론, 여행자들도 신분 확인만 되면 책을 빌릴 수 있다.

또 시내 곳곳에 책을 반납하는 곳이 있어 도서관 분관, 지하철역 등에 반납하면 된다. 1990년 대 초반 스톡홀름대학에서 유학하던 한 한국인은 이곳에서 빌린 책을 깜빡하고 미처 반납하지 못했는데 20여 년이 지난 2011년 스웨덴을 여행하면서 그 책을 스톡홀름 시립도서관에 반납했다고 한다.

다시 질문이다. 왜 책은 휴식과 함께할까?

내가 푹 빠져 있는 일상의 함정에서 벗어나기 위해 책만 한 게 없다는 방증이다. 화가 난 사람에게 '이게 화를 낼 문제인지 돌이켜보라'고 말하는 힘이 책에 있다. 아무리 파고들어도 답이 보이지 않는 문제에 '옆으로 돌아가서 점검하라'고 말하는 힘이 책에 있다. 책이 내게 준 선물 가운데 하나는 다양한 관점이다. 더 넓은 세계관이다. 책속에는 수많은 비상구가 존재한다. 이 비상구를 통해 해결할 수 없는 스트레스는 없다. 그래서 책은 힐링이 된다.

정신없이 사는 사람에게는 느린 삶을, 인생을 즐기지 못하는 사람에게는 세계 여행지를, 노후를 걱정하는 사람에게는 노후 대비에 관한 삶을, 순간만 아는 사람에게는 죽음에 관한 성찰을, 직업을 고민하고 있다면 진로에 관한 조언을, 투잡을 노리는 사람에게는 함께할 다채로운 직업의 세계를 보여주는 게 책이다.

이게 전부라고 믿던 세계에서 다른 세계를 보여주기 위해서는 잠깐 손에 든 것부터 내려놓아야 한다. 새 눈으로 보려면 기존의 안경부터 벗어야 한다. 그러므로 쉼과 책은, 아니 책과 쉼은 입구이자 출구가 되는 하나의 문과 같다. 어디로 들어오든 쉼은 책으로 나가고, 책은 쉼으로 나간다.

정리된다는 것은 힐링을 준다. 아프니까 청춘이라고 위로를 주는 책들은 일시적이다. 영감의 화학작용을 일으켜 내 삶에 응용되어야 한다. 그것이 여행서든 에세이든 심리서든 그러하다. 구부러지거나 왜곡된 것을 펴는 모든 책은 힐링이라는 범주에 속한다. 단순 위로는 일시적이다. 삶의 개념정리는 좀 더 깊은 내용을 다룬 책들이 도울 수 있다. 알아야만 내 삶에 접목될 수 있을뿐더러 두려움도 덜 수 있다.

듣고 있으면 내가 이득을 얻고,
말하고 있으면 남이 이득을 얻는다.

– 아라비아 속담

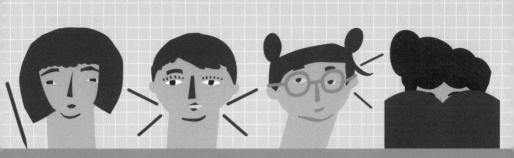

· 듣기의 장 ·

듣기 학습의
시대에
필요한 자세

01

강함을 만드는
듣기

외부 소통만큼 중요한 것이 내면의 소통이다. 자신과 마주하는 고요한 시간이 없다면 우리는 정서적 안정을 누릴 수 없다. 촉각이 외부로만 돌면 생각을 가다듬을 수 없고, 영적 성숙을 기대할 수 없다. 우리는 외부 활동만큼 내적인 사유가 필요하다. 내부 소통이 안 되면 진짜 원하는 것을 놓칠 수 있기 때문이다. 그래서 차 명상, 걷기 명상, 쓰기 명상, 일기 명상 등 자아소통 시간을 의도적으로 마련한다.

삶은 일상적으로 접하던 피상적 방식이 아닌 다른 깊이에서 바라

볼 때 그 속살을 드러낸다. 화려한 영상을 쫓는 게으른 마음으로는 한 꺼풀 벗겨낸 내 삶의 진짜 모습을 알 수 없다. 그래서 깊이를 획득하기 위한 사다리, 즉 체계와 맥락이 요구된다. 조심스레 계단을 통해 한 층씩 내려가면 현상의 뒤에 숨어 있는 본질과 만난다. 이 그림자놀이를 만들고 있는 조명과 실체를 찾게 된다. 사유는 파편화된 생각과는 다른, 어떤 키워드 아래로 흐르는 일련의 생각들에 대한 총합이다. 얼음 밑으로 흐르는 그 졸졸졸 소리를 듣는 것, 그것이 내면의 소리 듣기다.

인디언 소년들은 사춘기에 접어들게 되면 '비전탐구(vision quest)'에 나선다. 홀로 단식을 하며 산과 들판을 찾아가 침묵 속에서 신의 목소리를 듣는다. 북멕시코의 킥카푸족은 침묵과 듣기를 통해 비전(신명)을 찾게 된다. 인디언들은 일상의 모든 행위에서 자연의 존재에 대해 귀 기울이고 내면에 귀 기울인다. 이 과정을 통해 다른 존재와 만나는 방법과 생명 존중을 배운다. '침묵 속에서 듣기'는 사람을 성숙하게 만든다.

내면의 소리를 듣기 시작하면 진짜 인생이 시작된다. 사회적으로 약속된 24시간을 벗어나 내적 의미와 풍요로움으로 가득한 시간으로 궤도를 변경한다. 전력 질주와 경쟁의 삶으로부터 놓여나 현 상태로 완전한 삶으로 이동한다. 차원이 달라진 공간에서 우리는 더 이상 속도에 얽매이지 않는다. 현재가 가장 밀도 높은 시간이 된다. 소명의 한가운데서 자신의 좌표를 발견한다. 풍랑이 이는 세상의 바다에 휩쓸리지 않게 된다.

내면의 소리를 듣지 못하면 당신은 바람 따라 흩어지는 먼지와 같이 살게 된다. 왜 싸우는지도 모르고 단지 싸우는 전사로 남는다. 승자 없는 게임 안에서 생의 마지막에 도달한다.

그러나 내면의 소리를 들은 자는 잠에서 깬다. 지금 자체로 완벽함을 안다. 삶은 각자의 속도가 있으며, 그 길을 걷는 것만이 승자가 되는 유일한 길임을 본다. 그가 진짜 자기 삶의 전사다.

언젠가 CEO 100명에게 설문한 일이 있었다. 무엇이 성공을 만드는지 딱 하나만 꼽아보라고 요청했다. 성실, 인내, 사람, 인맥, 자기 관리, 노력, 열정, 도전 등 모두 다른 답변이 나왔다. 그러나 나는 이처럼 다른 답변이 가리키는 지점이 하나임을 깨달았다. 그것이 무엇이든 '강함'을 가져야 한다는 것에서는 차이가 없다. 무엇이 강함을 만들까? '강함'의 바닥에는 내부소통이 있다고 믿는다. 내가 나를 알 때, 내가 내 목소리를 들을 때 그때 비로소 용기가 생긴다. 막연한 기대나 몽상적 낙관이 아니라 현실 직시적인 낙관이 생긴다.

화가 척 클로스(Chuck Close)는 내면의 소리를 듣는 방법 한 가지를 우리에게 암시한다. 그는 인간의 얼굴을 세밀하게 그리는 화가다. 짧게는 4개월 길게는 1년에 이르는 동안 오직 인간의 얼굴에 집중한다. 점 하나, 주름 하나, 땀구멍 하나까지 가공하거나 꾸미지 않고 철저히 있는 그대로 초대형 캔버스에 표현해낸다. 그림에 대한 테크닉만으로 그의 작품을 설명할 수 없다. 초대형 캔버스 안에 정밀한 인물을 그려내기란 보통의 인내력과 열정, 그리고 끈기가 없으면 해내지 못한다.

척 클로스는 어린 시절 심한 난독증이 있어 학업과 인생에서 어려움을 겪었다. 그러나 다행히 신은 그에게 화가의 재능을 주었고, 이를 바탕으로 세상에 나올 수 있었다. 그러나 불행의 신 역시 그를 가만히 놓아두지 않았다. 1988년 그는 불의의 사고로 척추혈관에 손상을 입는다. 간신히 정신을 차리고 깨어난 병원에서 그는 척추장애라는 진단을 받게 된다.

그는 자신 앞에 놓인 한계의 장벽을 하나씩 허물기 시작한다. 몸을 움직일 수 없게 되자 캔버스를 360도 회전시킬 수 있는 작업대를 제작했다. 사진만큼 리얼한 작품을 제작할 수 없게 되자 3미터가 넘는 대형 캔버스 위에 작은 네모모양의 픽셀을 그려 넣은 후 그 안에 색의 단면을 넣는 방법을 쓰기 시작했다. 그리고 그는 365일 작업에 매달려 있다.

무엇이 지금의 그를 이끌어왔을까? 그는 어떻게 이런 강인함을 갖고 묵묵히 자기 길을 걸었을까?

"우리는 스스로 무엇을 하고 싶은지 잘 모를 수 있습니다. 그러나 하기 싫은 것이 무엇인지는 확실하게 압니다. 그래서 하고 싶지 않은 일을 하지 않을 수 있도록 스스로 방어막을 겹겹이 쳐둡니다. 그렇게 길을 막다 보면 의외로 새로운 길이 열립니다. 당신이 그 문을 외면하지 않고, 종착지가 어딘지 모르는 그 길을 따라 나선다면 당신은 이미 변화를 시작한 것입니다."

불행의 장막에 뒤덮여 있어서 자기 목소리를 들을 수 없던 시절, 그가 택한 방법은 '내 목소리가 아닌 것'을 구분하는 일이었다. '이건 내가 아니야'라는 생각이 들 때마다 금줄을 치다 보면 그 사이로 길이 열린다. 마치 여러 가지 보기 가운데 아닌 것부터 하나씩 금을 치다 보면 남아 있는 가짓수가 줄어들듯이 그는 자기 길을 더듬어 찾아갔다. 그렇게 이루어진 '내면과의 마주침'이 그에게 삶을 계속할 수 있는 '강함'을 준다. 그는 척추장애를 극복하고 포토리얼리즘의 대가가 되었다.

02

히어링이 아니라
리스닝이다

〈응답하라 1994〉에 등장하는 장면이다. 주인공 나정이가 대학 동
기들에게 묻는다.

"여자 친구가 이렇게 물으면 어떻게 대답할 거니? 오빠, 오늘 우리
집에 페인트칠을 했는데, 페인트 냄새 때문에 머리가 너무 아파. 그
래서 문을 열어놨는데 바깥에서 매연이 들어와 머리가 아프네. 문을
열어야 할까, 닫아야 할까?"

그러자 남자 동기들의 토론이 시작된다.

"야, 그래도 페인트 냄새가 낫지 않니? 닫아야 되는 거 아냐?"

"아니지. 매연이 차라리 낫지. 문을 열어야 돼."

이렇게 옥신각신하니까 나정이가 끌끌 혀를 찬다.

"야, 그런 대답을 원하는 게 아니라 이렇게 말해야 하는 거야. 너 오늘 머리 많이 아픈 거 아냐? 병원 가봐야 되는 거 아냐? 이런 대답을 하는 것이 정답이야."

듣기란 말 너머 의미를 포착하는 일이다. 듣기를 잘해야 상대가 원하는 것이 무엇인지 알 수 있다. 내게 좋은 게 무조건 상대에게도 좋으리란 법은 없다. 원하는 것은 저마다 다르다. 그래서 표현되지 않은 말 뒤의 의미를 잘 들어야 한다.

세계적인 커뮤니케이션 전문가인 래리 바커와 키티 왓슨은 20년 이상 '경청'과 인간의 듣기 습관에 관해 연구했다. 그들은 퍼듀 대학교와 오번 대학교, 툴레인 대학교에서 훌륭한 학문적 성과를 쌓았고, 스펙트라(SPECTRA)와 이노렉트(INNOLECT)라는 기업을 운영하면서, 수많은 중소기업과 포춘 500대 기업, 미국의 정부 기관 및 비영리 단체에서 효율적인 듣기와 커뮤니케이션 컨설팅 서비스를 제공했다. 이들은 20년 이상의 연구를 통해서, 인간은 4가지의 듣기 유형(관계집착, 내용선호, 시간중심, 행동지향)이 있으며 모든 대화의 성공과 실패를 좌우하는 것은 '말을 하는 입이 아니라 듣는 귀'라는 사실을 밝혀냈다. 그들의 '듣기성향 이론'은 설득이나 협상 등 커뮤니케이션에 대한 기본적인 상식을 완전히 바꿔놓은 위대한 업적으로 평가받고 있다.

래리 바커와 키티 왓슨이 주목한 것은 히어링(Hearing)과 리스닝(Listening)의 차이다.

히어링은 귀를 가지고 태어난 모든 생명체들의 듣기를 말한다. 반면 리스닝은 말의 의미를 이해하려는 경청이다. 이 때문에 리스닝은 단지 표현된 말만 듣는 것이 아니다. 말해지지 않은 부분까지 들으려고 노력한다. 글에 행간의 의미가 있듯이 말에도 행간의 의미가 있다. 말과 말 사이에, 침묵이라는 발설되지 않은 행간이 존재한다. 말이란 이 여백과 함께 하나의 덩어리를 이룬다. 그 여백을 의식하면서 듣는 것이 좋은 듣기다. 음성화된 것을 넘어서 상대가 원하는 것을 들을 수 있어야 한다.

최한기의 〈기측체의〉에는 '말은 소리에 의해서 나온다(言語因聲音而發).'는 대목이 있다.

"몸 안의 기운을 드러내는 것이 소리가 되고, 모습을 얻어 표현하는 것이 말이다. 편안함, 우울함, 기쁨, 슬픔, 분노, 즐거움은 소리에

드러난다. 그러므로 소리를 듣고 먼저 맑은지 탁한지, 기쁜지 슬픈지 알 수 있다. 또한 소리로 꾸미고 음절로 모양을 표현하는 것이 곧 말이다. 말을 자세하게 듣고 일이 되어가는 과정을 잘 풀어 맥락을 헤아려 살핀다면, 그 사람의 자질과 경험해 얻은 것으로 요령을 터득할 수 있다."

상대는 절대 자신의 생각을 남김없이 드러내지 않는다. 설령 다 표현하더라도 제대로 표현하기는 어렵다. 그와 같이 언어화되지 못한 그것까지 들을 수 있을 때 리스닝이다.

그러므로 리스닝을 위해서는 상대의 말허리를 잘라서는 안 된다.

'대머리 독수리'라는 이름이 새겨진 1.5미터 크기의 지팡이가 있다. 토킹스틱(Talking Stick)이다. 이 지팡이는 강력한 커뮤니케이션 도구로 미국 원주민 사회에서 수백 년 동안 중요한 기능을 담당해왔다. 원주민 회의에는 몇 가지 원칙이 있었다. 하나는 원 모양으로 둘러앉을 것, 둘은 토킹스틱을 든 사람만이 발언할 것.

토킹스틱을 갖고 있는 동안에는 누구의 간섭도 받지 않고 자신의 의견을 충분히 말할 수 있다. 지팡이가 없는 사람은 자신의 의견을 말하거나 주장할 수 없고 심지어 찬성이나 반대 표시도 할 수 없다. 대신 그들은 발언하는 사람을 이해하려고 노력하고, 이해했다는 의

68

사표현만 할 수 있을 뿐이다. 그리고 발언자의 뜻을 좀 더 확실하게 이해하기 위해 그가 말한 내용을 확인할 수 있다. 발언자는 자신의 뜻을 다른 모든 사람이 정확하게 이해했는지 다시 확인을 하고 모두가 이해한 것 같다고 여기면 지팡이를 옆 사람에게 넘겨준다. 그 역시 다른 사람들에게 자신의 뜻을 정확하게 전달한다. 이런 방식으로 모든 사람들이 '말하고 경청하는 과정'을 거치면서 소통을 하는 게 토킹스틱을 통한 그들의 약속이다. 그들은 발언권 못지않게 '잘 들을 권리'도 중시한다. 잘 말하려고 애쓰고, 잘 들으려고 애쓰는 가운데 소통은 저절로 이루어진다.

심지어 피터 드러커는 말하기가 아닌 듣기가 설득의 기초가 된다고 말했다.

"내가 만일 경청의 습관을 갖지 못했다면, 나는 그 누구도 설득하지 못했을 것이다."

드러커의 이 말을 역사 속에서 증명하고 있는 사람이 있다. 마쓰시타 전기의 마쓰시타 고노스케다. 그는 1965년 일본 경기 침체로 직격탄을 맞자 판매 혁신을 위해 칼을 빼 들었다. 그러나 마쓰시타 식 개혁에 반발하는 사람들이 많았다. 회의를 앞두고 마쓰시타가 말했다.

"오늘 회의는 판매제도 개혁에 관한 여러분의 생각을 듣고자 열었습니다. 저마다 다른 의견을 가졌다는 것을 압니다. 그러니 솔직한 생각을 말해주세요. 여러분의 의견은 마쓰시타 전기의 발전에 도움이 될 것입니다."

말을 마친 마쓰시타는 반대 의견을 가진 판매 책임자들에게 발언할 기회를 줬다. 그러고는 판매 책임자가 자기 의견을 발표할 때 한마디도 하지 않고 조용히 들으며 중요한 내용을 노트에 적었다. 마침내 모든 판매 책임자가 돌아가면서 한마디씩 하자 마쓰시타는 비로소 개혁의 목적과 방법을 자세하게 설명하기 시작했다. 마쓰시타가 말을 다 마치자 반발했던 사람들은 사라지고 지지자만 남게 되었다. 이 개혁으로 마쓰시타 전기는 위기를 극복했다.

03

잘 듣는다는 건
잘 배운다는 것

조선일보 'IGM과 함께하는 협상스쿨'에서는 협상 전문가들이 중요하게 생각하는 것은 '말재주'가 아니라 '듣는 기술'이라고 한다. 어떻게 해야 '잘' 들을 수 있는가. 가장 중요한 것으로 '맥락적 경청(contextual listening)'을 꼽는다. 겉으로 드러나는 말뿐만 아니라 그 사람의 감정이나 의도, 배경까지도 이해하면서 듣는 것이다. 협상학적 용어로 표현하면 상대방의 숨어 있는 '이해관계(interest)'를 알아채는 경청 기술을 말한다.

모든 듣기는 맥락적 경청을 빼놓을 수 없다. 토론을 하더라도 단순하게 앞 문장만 반박해서는 안 된다. 상대의 주장 전체를 관통하는 밑줄기를 잡아챌 줄 알아야 한다. 상대의 입을 통해 나온 문장은 그 밑줄기에서 뻗어 나온 가지다. 밑줄기 수준의 개념에서 추출될 수 있는 주장들을 감안해야 한다. 같은 언어를 쓴다고 해도 토론의 상대자는 나와 다른 범주에 서 있다고 생각하고 접근해야 한다.

그러나 이 정도 수준의 듣기란 생각처럼 쉬운 일이 아니다. 매번 우리는 전문가 수준의 지식과 논리를 갖고 사람을 만나야 하는 걸까? 다소 준비가 덜 되었더라도 우리가 할 수 있는 방법은 없을까? 즉 다소간 부족한 상태에서도 '잘 듣기'가 되려면 어떻게 해야 할까?

'배움'의 자세를 한 가지 답으로 제시한다. 우리는 모든 걸 알고 사람을 만나는 게 아니다. 우리는 가급적 상대의 생각을 미리 생각해보고, 미리 준비하며 사람을 만나려고 하지만 그건 현실적으로 불가능한 일이다. 그러나 배우겠다는 자세로 임하면 사태가 달라진다. 그러면 '진짜 듣기'가 가능해진다.

하버드대에 재학 중이었던 한인동포 청년이 세계 대학 토론 무대를 평정했다. 하버드대에서 정치이론을 전공하던 서보현은 '2016 세계 대학생 토론대회(WUDC)'에서 같은 학교 학생인 마시와마와 팀을 이뤄 우승컵을 들었다. 덕분에 하버드대는 세계 250여 개 대학이 참여한 대회에서 세 번째의 우승을 차지했다. 서보현과 마시와마는 결승에서 제시된 '전 세계 가난한 사람들이 마르크스 혁명을 추구하는 것은 정당하다.'는 주제에서 찬성의 입장으로 심사위원들의 극찬을 받았다.

그가 토론의 달인이 된 비결은 무엇일까? 그는 토론에 필요한 모든 지식과, 세상의 수많은 관점을 다 알고 미리 준비하여 상대를 격파한 것일까?

"토론은 생각을 깊이 해야 된다. 다른 사람에 대한 생각을 많이 해야 하고, 내가 평소 생각해보지 못한 것도 생각해야 한다. 그러면서 세상을 보는 눈이 넓어지고 내가 믿던 생각도 돌아보게 된다."

서보현의 인터뷰 한 대목이다. 그러나 그는 이런 말도 덧붙였다.

"토론을 통해 뛰어난 사람을 많이 만나고 세상을 크게 보게 됐다."

"사람 만나 대화하고, 교류하며 많이 보고 배우는 것을 좋아한다."

그에게 토론이란 단지 이겨야 하는 배틀이 아니라 대화하고 교류하고, 보고 배우는 과정의 일환이다. 배우려면 필연적으로 내가 모르는 게 있음을 인정해야 한다. 들으려면 내 논리에 허점이 있을 수 있음을 알고 있어야 한다. 나의 한계성을 철저히 인지하고 있는 상태에서 비로소 경청이 가능하다.

　1,000명이 넘는 인물을 심층 인터뷰한 인터뷰 고수이자 소통의 달인으로 불리는 사람이 있다. 〈인터뷰 글쓰기의 힘〉의 저자 김명수다. 그는 영화 〈실미도〉의 토대가 된 684부대 다큐 멘터리 시리즈를 2001년 1년간 연재했다.

　각계각층의 분야에서 '롤모델'이 될 만한 주인공들을 끊임없이 발굴하고 소개하는 인터뷰의 매력에 푹 빠져 살아온 그는 상대방의 속마음으로 들어가기 위해서는 내가 먼저 마음을 열어야 한다고 말한다. 편안한 분위기로 긴장을 풀어주면서 상대의 생각을 자연스럽게 표현할 수 있는 여건을 조성해줄 때 인터뷰이의 감춰진 진면목을 100% 끌어낼 수 있다는 말이다.

　'마음을 열어야 한다'는 말은, 상대를 판단하지 않겠다는 뜻이다. 내 가치관을 그대로 들고 가서는 타인의 옷을 입을 수 없기 때문이다. 토론의 달인 서보현과 접근법은 다르지만 본질은 동일해 보인다. 내 것을 주장하지 않고, 먼저 타인의 생각을 배워보는 것이다.

　우리는 세상에서 가장 잘 듣는 사람들을 알고 있다. 유치원에 가면 '네, 네, 선생님!' 하고 작은 입을 벌리며 큰 소리로 외치는 유치원생들이 바로 세상에서 가장 잘 듣는 사람이다. 그 아이들이 집에 와서

엄마에게 말한다. '엄마, 안 돼! 선생님이 그러지 말라고 하셨어!'

잘 배우는 자가 잘 듣는 자다. 잘 듣는 제자 앞에서 스승이 얼마나 신이 나서 이야기하는지 교단에 서 본 자는 안다.

04

주파수를 맞춘 피드백의 힘

함부르크 응용과학대학 교수인 옌스 바이트너의 〈페페로니 전략〉엔 가혹한 피드백에 대한 글이 나온다. 이에 따르면 피드백은 반드시 있어야 하며, 직원의 실수를 지적하거나 칭찬하는 데 매우 요긴하다. 또한 우리는 피드백을 통해 상대의 행동에 변화가 있기를 바라기 때문에 무슨 피드백을 줄 것인지 사전에 내용을 간단명료하게 정리해야 한다.

그리고 무엇보다 피드백의 생명은 타이밍이다. 옌스 교수에 따르면 피드백을 주기에 가장 적절한 시간은 업무가 끝날 때다. 예컨대 상대가 감당하기 힘들 만큼 강도가 센 피드백이라면 금요일 퇴근 시간에 전달하는 것이 좋다. 사람들이 모두 퇴근한 후에 조용한 음성으로 짧고 분명하게 두 가지 정도의 사항을 지적하고 주말을 잘 보내라고 인사를 나누는 것이 좋다. 상대적으로 가벼운 피드백은 평일 퇴근 직전인 늦은 오후나 초저녁이면 충분하다는 설명이다. 나는 옌스 교수의 글을 읽고 피드백의 타이밍은 저녁이라고 생각하게 되었다. 그러나 긍정적 피드백의 경우는 조금 다른 타이밍이 필요하다.

　듣기를 잘하는 후배가 있다. 그에게는 속마음을 모두 털어놓게 만드는 마법이 있다. 그와 함께 있으면 생각지도 않은 말들까지 술술 풀어놓게 된다. 사람 사이의 근원적인 벽이나 사회적 거리감도 그 사람 앞에서는 무용지물이다. 그 후배를 알기 전까지 나는 마음을 열기 위해서라면 갖은 감언이설로 유혹하거나 안 되면 돌이라도 던져야 한다고 생각했다. 그러나 그 후배를 알고 난 후에는 '하지 않음'의 행동, 즉 듣기가 상대의 마음을 여는 기술임을 알게 되었다.

　후배는 사람에게 자기표현 욕구가 있음을 잘 안다. 모두 자신의 목소리를 높일 때 후배는 간단한 질문이나 맞장구로 마음을 열게 한다. 주파수가 맞아 떨어진 나는 신이 나서 이야기 보따리를 푼다.

후배의 듣기 노하우는 어려울 게 전혀 없다. 우리가 다 아는 그 단어, 피드백으로 요약된다. 하지만 그 리듬을 타는 게 힘들다. 귀가 있는 사람이라면 누구나 들을 수 있지만 대개 허투루 듣는다. 내뱉어진 말의 의미망에서 그칠 뿐, 그 말을 실어 나르는 음성의 떨림까지 듣지 않기 때문이다. 그래서 상대방이 지금 어떤 맥락 안에서 이야기를 하는지 전혀 감을 잡지 못하고, 그저 겉만 핥고 마는 '영혼 없는 피드백'을 주고 만다.

나는 흐름을 짚는 피드백의 중요성에 대해서 알게 된 후 이를 실천해 볼 기회를 얻었다.

대학에서 강의하는 소설가 후배 C는 홀로 두 달간 산티아고를 다녀왔다. 학점을 빠르게 매기고 컴퓨터에 올리는 것만 지인에게 부탁하고 훌쩍 비행기에 몸을 실었다. 그는 카카오스토리에 소식을 올렸다. 우리는 SNS를 통해 그의 여정을 응원했다.

여행을 다녀온 C에게 그간의 이야기를 들을 기회가 찾아왔다. 그는 산티아고 800km를 하루 20km씩 40일을 걸었다고 했다. 처음에는 산티아고 여행자들과 보폭을 맞춰 걸었단다. 그러나 그게 탈이었다. 몸에 무리가 와서 병원에 며칠 머물렀다. 그는 누운 채 가만히 생각에 잠겼다. 이 여정은 나를 위한 것이다. 절대 내 한계를 벗어나서

무리해서 걸을 필요는 없다. 이 순간의 주인공은 나다. 아마 이런 생각 끝이었던 것 같다. 병실에 누워 단단히 다짐했다. 나만의 속도로 걸어갈 것!

C는 그동안 작품 발표에 대한 강박이 있었다. 하지만 산티아고 자유여행을 계기로 작품 발표 속도에서도 자유로워졌단다.

그렇게 말하는 C의 얼굴에는 먼 이국의 햇볕이 쏟아져 내리는 것처럼 느껴졌다. 그 순간 나는 이게 타이밍임을 직감했다.

"드디어 니 캐릭터를 찾았구나."

내가 누구인지 깨닫는 일은 쉽지 않으리라. 그러나 내가 누구인지 알기 위해서는 먼저 나다운 보폭으로 걸어보아야 한다. 그 후에 C는 산티아고에서 만난 헝가리 친구의 초대로 동유럽 일정까지 마쳤다. 동유럽의 겨울을 나는 두어 달 동안 작품 하나를 끝내기도 했다.

이야기를 듣다 보면 사람에게는 흐름이란 것이 있음을 알게 된다. 상대에게 집중하면 그의 바람을 느낄 수 있다. 그가 지금 바람을 타고 계곡을 활강하는지, 아니면 산등성이를 높게 넘고 있는지 느낌이 온다. 그 흐름 안에 있다면 이제 당신의 피드백은 마치 상대와 함께 추는 춤처럼 된다. 두 개의 파동이 만나서 진폭을 줄이는 경우가 있는가 하면 진폭이 더욱 커지는 경우도 있다. 김이 새는 피드백이 될지, 힘이 되는 피드백이 될지는 오직 그 타이밍에 달려 있다.

05

듣기 학습의 시대에
필요한 자세

　97세 철학자 김형석 명예교수는 90세 이후 활발하게 대중 저서 집필 및 강연 활동을 벌여왔다. 나는 그의 강연을 들으며 아직 살아보지 못한 나이에 대해서 배운다.

　"100년을 살아보니 인생 황금기는 60세에서 75세인 것 같다. 노년기는 성장이 끝나기 시작하는 때를 이르고, 성장이 정지되기 시작하는 나이를 75세로 본다면 80세가 되어야 노년기에 접어든다. 철학자였지만 나 스스로도 60세까지는 미숙했다. (…중략…) 50부터 80까지는 단절되지 않는 한 시기이다. 그렇기에 50에는 80이 됐을 때 적어도 이러한 삶의 조각품을 완성해야 한다는 준비와 계획과 신념과 꾸준한 용기를 갖고 제2의 마라톤을 달리는 각오로 재출발해야 한다."

새로운 경험이 무엇이 있을까 싶을 만큼 다채로운 경험이 생산되고 소비되는 시대가 되었지만 여전히 나이 듦은 생산된 경험이 부족한 분야 가운데 하나가 아닐까 싶다. 특히나 세계가 이제 막 100세 시대에 접어든 까닭에 자기 경험을 지혜롭게 풀어줄 수 있는 90대는 여전히 모자라다. 그래서 김형석 교수의 이야기는 더더욱 관심을 갖게 된다.

그가 말하는 가치 있는 인생도 남다르게 다가온다.

"장수 그 자체보다 좀 더 오래 많은 일로 봉사할 수 있게 해달라는 소원이야말로 장수의 가치와 의미다."

방송이 온통 젊음과 외모에 관심을 기울일 때 김형석 교수는 담담하고 정정한 모습으로 우리가 걸어가야 할 시간에 대해서 알려준다. 그는 지금도 씩씩하게 강의를 이어가고 있으며, 책도 출간한다.

듣기를 통한 공부의 시대가 열렸다. 손 안의 도구, 스마트폰만으로도 원하는 장소, 원하는 시간에 유튜브에 접속하여 강의를 들을 수 있다. 조용헌 교수의 강의도 내가 즐겨 듣는 강좌 가운데 하나다. 그는 한마디 쇠붙이로 가슴을 푹 찔러온다.

이처럼 듣기에 적절한 분량의 동영상들이 주제별로 펼쳐진다. 키워드를 누르면 나의 청취를 기다리는 동영상 목록이 뜬다. 자유롭게 동서양을 넘나들 수 있다. 파편적인 지식을 습득하기에는 더할 나위 없는 환경이다. 새로운 분야를 접근하는 데 이보다 더 좋은 맛보기 콘텐츠가 어디 있는가.

이 듣기 학습의 시대에 필요한 청취자의 자세가 있다. 인본주의 심리학의 대가, 칼 랜섬 로저스(Carl Ransom Rogers)가 말하는 '무조건적인 긍정적 수용'이 그것이다. '수용기술'은 심리요법을 익힌 카운슬러들이 흔히 사용하는 방법이다. 조금 쉽게 말하면 '듣기 잘하는 사람'이 되는 것인데 '아, 그렇군요!', '그래서 어떻게 되었어요?' 하며 맞장구칠 때의 그 심리적 상태를 가리킨다. 내 기준으로 상대의 이야기를 평가하지 않고, 상대의 이야기를 그대로 흡수하는 게 골자다. 만일 무조건적인 긍정적 수용이 안 되면 우리는 보고 싶은 것만 보고, 듣고 싶은 것만 듣게 된다. 신념이 앞을 가로막으면 그 어떤 것도 내게 들어오지 않는다.

우리는 이 자세를 앤디 워홀의 작업실에서 확인할 수 있다.

앤디 워홀의 작업실 문은 언제나 열려 있었고, 잘 모르는 사람이라도 누구나 거리낌 없이 들어와 여러 가지 제안을 하거나 심지어 작업을 도와주기도 했다. 작업실은 늘 사람들로 붐볐다. 그는 누구나 모든 것을 함께 감상하고 공유하게 했다. 그의 개방적인 태도에 이끌린 창의적인 사람들은 작업실에서 차츰 무리를 형성하면서 워홀의 작업을 도와주며 그림에 대해 아이디어를 제시하거나 직접 작품을 만들기도 했다.

워홀의 작업실은 플랫폼이었다. 다양한 재능과 놀라운 개성을 보유한 사람들은 그의 작업실이 주는 자유를 만끽했다. 아이디어가 많은 사람들은 흥미진진하고 창의적 기운이 넘쳐나는 그곳에서 자유롭게 자신의 의견을 펼쳤으며, 작업실은 갖가지 실험예술의 중심지가 되었다. 워홀은 결코 권위를 행사하지 않았고, 다재다능한 사람들에게 많은 재량을 주면서 듣기를 통하여 스스로도 자극받았다.

과거라면 우리가 살아가는 데 많은 지혜가 필요치 않았을 것 같다. 그러나 지금 시대는 우리에게 플랫폼, 공유, 콜라보를 요구한다. 더 많은 정보, 더 많은 역량을 결합할 것을 명령한다. 앤디 워홀처럼 내 공간으로 다양한 재능과 개성이 들어오기를 바라고 있다.

브라질의 유명 아티스트 로메르 브리토 또한 LG와 콜라보레이션을 시도했다. 의류업체 리앤펑 역시 1만 8,000여 개의 의류 생산업체를 끌어 모았고, 썬키스트는 캘리포니아 오렌지 재배농가의 모임체이며, 에어비앤비(Airbnb)는 35만 개 이상의 숙박 제공자를 확보했다. 유통의 꽃인 백화점과 쇼핑몰은 그 업의 본질이 '판 벌이는 사업'이다. 세계 100대 기업의 60% 정도가 플랫폼 비즈니스를 한다는 분석도 있다. 플랫폼은 이미 기업의 전략으로 굳건히 자리를 잡았으며, 최근에는 개개인에게도 창의성이나 생존 등의 이름으로 다가오고 있다. 특히나 대중매체의 퇴보와 함께 개인 매체의 발달은 이 개인 채널을 어떤 공간으로 만들 것인지 고민을 하도록 만든다.

플랫폼의 사촌 중에는 '큐레이션'도 있다. 취향이나 기호에 맞게 정보가 편집된다. 'B'라는 매거진이 큐레이션을 추구한다. 그들은 어느 하나의 회사에 대해 상품, 역사, 스토리, 디스플레이, 스토어, 풍경 등을 콘텐츠로 만든다. 그들이 매달 기획해야 할 것은 하나의 키워드다. 그들은 '레고'를 다룰지, '기네스 맥주'를 다룰지 고민한다.

큐레이션의 또 다른 가치 가운데 하나는 정보의 선별이다. 쓰나미처럼 폭주하는 데이터 가운데 특정인에게 가치 있는 정보를 골라내는 일이 플랫폼, 큐레이션 철학에서 중요하다.

이와 같이 시대가 요구하는 두 가지 기능, 즉 선별하고 통합하기는 개개인의 '듣기'에도 똑같이 적용된다.

연암은 '달사(達士)는 통달한 선비이고 지혜의 샘이 활짝 열려 식견이 툭 터진 사람'이라고 말했다. 달사는 배울 때 툭툭 터지고 활짝 열리는데, 속인은 배울수록 꽉 막히고 굳게 닫힌다는 것이다. 달사는 하나를 들으면 열을 알고, 열을 통해 백을 이해하는데 속인은 하나를 들으면 그 하나만 고집하여 다른 것은 받아들이지 않는다. 둘을 배우면 그 둘 때문에 붙드는 고집이 하나 더 늘어난다니 불통이 따로 없다. 본 것이 적은 사람은 백로를 가지고 까마귀를 비웃고 오리의 짧은 다리를 보고 학의 긴 다리를 위태롭게 여길 수 있다.

달사는 다 아는 사람을 의미하는 게 아니다. 무조건적 수용이 가능하되, 하나의 주제를 갖고 취사할 수 있는 자기 눈을 지닌 사람을 의미한다. 그러므로 자기 인생의 주제를 벗어나지 않은 채 마음을 비우고 잘 듣는 자가 달사다.

06

입을 닫고
귀를 열라

1568년 1월 12일, 대학자 기대승은 선조에게 이렇게 아뢰었다.

"구언(말을 구하다, 즉 국정에 대한 조언을 듣다)하여 할 말을 다하게 하고 잘 처치한다면 그릇된 점을 바루어 아름다움을 이룰 것입니다."

조선시대 임금은 신하와 백성에게서 바른말을 구했다. 나라에 재앙이 있거나 국정에 필요한 경우 '구언(求言)'을 하도록 한 것이다. 조선왕조실록에는 구언에 관련된 내용이 1,080건 나온다. 조선 태종은 1403년 8월 21일 이런 구언령을 내렸다.

"수재(홍수 등 물 피해)와 한재(추위로 인한 피해)가 서로 겹치고, 바닷물이 붉게 변하는 것은 하늘이 꾸짖는 바가 지극하다. (…중략…) 쓸 만한 말이면 받아들이고, 혹 맞지 않더라도 관대히 용납하겠다. 바른 의논을 듣기 원하노라."

조선 정조는 1781년 10월 17일 천둥소리를 들은 뒤, 수라상의 음식 가짓수를 줄이게 하고 구언을 명했다.

"조정에는 힘을 합쳐 함께 일해 나가는 아름다움이 부족하고 굶주림을 호소하는 백성들의 원망은 갈수록 심해지고 있다. 첫째는 과인이 부덕한 탓이요, 둘째도 과인이 부덕한 탓이다."

또한 그는 신하들이 구언에 굼뜨고 곧장 보고가 올라오지 않으면 '천둥소리가 식전에 있었고, 구언하는 전교(傳敎)도 식전에 내렸다. 지금 밤이 깊어 가는데도 아직 한 글자의 소장이나 차자(箚子, 간략한 상소문)가 없으니, 이는 전에 들어보기 드물었던 일이다.'라고 말하며 사간원, 사헌부, 홍문관 등(이 세 곳이 조선시대 언론을 담당한 기관으로 '언론삼사'라고 부른다.)의 관리들을 가차 없이 처벌하기도 했다.

세종대왕 역시 백성으로부터 이야기를 듣는 '구언' 시간을 가져 민간의 고충에 귀를 기울였다. 그는 전국 각지에서 올라온 상소문을 직접 검토하고 자신의 정책에 대한 백성의 의견을 직접 들었다. 이 가

운데 수용할 만한 것을 추려 정사에 반영했다. 그는 신하의 이야기에
도 귀를 기울였는데 '윤대(언론삼사로부터 매월 3차례 보고받는 자리)'를
통해 높고 낮은 직급에 상관없이 직접 만나 이야기를 나누고 의견을
경청했다.

　듣기는 리더를 리더답게 만드는 능력이다. '임금님 귀는 당나귀 귀'
를 외치는 동화는 예나 지금이나 리더에게 '잘 듣는 귀'가 필요함을
암시한다. 리더가 귀를 기울이면 그 모습은 마치 스승에게 배움을 청
하는 사람 같고, 아버지에게 인생을 듣는 사람 같다. 그는 한없이 낮
은 자세가 되어 마음으로 무릎 꿇는다.

　미국 남북 전쟁 당시의 상황을 그린 작품이 있다. 조지 피터 알렉
산더 힐리의 〈평화를 만드는 사람들(The peacemakers)〉이다. 이 그
림은 1865년 증기선 리버퀸 호 선상에서 열린 북군 수뇌부의 전략회
의를 묘사하고 있다. 그림 속에는 링컨과 윌리엄 셔먼 장군, 그리고
미국 제18대 대통령이 되는 율리시스 그랜트 총사령관, 데이비드 포
터 해군 제독이 함께 등장한다. 그림을 들여다보면, 화면의 왼쪽에
서 셔먼 장군이 무언가에 대해 설명하고 있고, 세 사람은 그의 말에
귀를 기울이고 있다. 링컨 역시 경청하는 사람 중 한 명이다. 상체를
앞으로 숙인 것이나 오른손으로 턱을 괸 모습은 그가 지금 주의 깊게

들고 있음을 암시한다.

보통 이런 종류의 그림을 보면 리더는 상석에 앉아 직접 발언하거나 회의를 이끌어가는 모습으로 그려진다. 또 설령 보고를 받는 모습이더라도 권력자의 두드러진 특징을 화폭에 담는 게 일반적이다. 그러나 화가는 그렇게 그리지 않았다. 링컨의 시그니처인 턱수염만 없다면 이야기를 듣는 이 가운데 남자는 그저 경청하는 한 사람의 인물로 보인다. 단지 그가 가운데 앉아 있다는 것만이 그가 조금 다른 위치에 있는 사람이 아닐까 알려주는 유일한 지표다. 평소 링컨은 잘 듣는 사람이었고 화가는 그저 붓을 들어 그림을 그렸을 뿐이다.

소설 〈상도〉의 작가 최인호는 어릴 때부터 말을 잘했다. 정신과 의사 이시형 박사도 '작가 최인호는 무엇보다 말을 잘한다.'고 저서에 썼을 정도이다. 본인도 처음엔 그 사실에 자부심을 가졌다. 그러나 1987년에 발표한 '말과 침묵'이란 글에서 '나는 요즈음 말이 싫다.'고 쓰고 있다.

"나이가 들어가면서 말은 얼마나 사악하며, 남에게 듣기 좋은 말 속에 숨어 있는 허위와 독소가 얼마나 무서운가, 정의를 부르짖는 사람의 말이 얼마나 사기꾼의 말이며, 말 잘하는 사람은 말없는 사람보다 얼마나 많은 죄를 짓고 있는가를 절감하고 있다."

그때 그의 나이가 40대 초반이었다. 그는 나이가 들면서 말을 줄이게 되었다고 적는다.

"나이가 들어갈수록 나는 가능하면 말의 양을 줄이려고 노력한다. 사람들은 나이를 먹으면서 육신의 체중이 붙는 것만을 무서워 할 뿐 영혼의 체중이 늘어가는 것은 잊어버리고 있다."

〈장자〉에 '음악 소리가 텅 빈 구멍에서 흘러나온다.'는 글이 있다. 악기나 종은 그 속이 비어 있기 때문에 공명이 이루어져 듣기 좋은 소리를 만든다. 사람의 마음도 공명통이다. 마음을 비우면 참된 소리가 생겨난다. 텅 빈 마음일 때, 상대방과의 대화가 준비된다. 진실의 목소리를 듣게 된다.

로이 리히텐슈타인은 1950년대까지 추상주의 화가였다. 그러다 1961년 갑자기 작품의 방향을 바꿔 만화책에 나오는 삽화를 베끼기 시작했다. 그의 변화는 어린 아들과의 대화에서 얻은 힌트 덕분이었다. 아들이 만화책에 나오는 미키마우스를 가리키며 '아빠는 이처럼 멋진 그림을 절대로 그리지 못할 것'이라고 단언했다. 자존심 상할 법한 아들의 말은 화가의 가슴에 반향을 일으킨다. 그는 아들의 말을 새겨듣고 미키마우스 삽화 중 하나를 캔버스 가득 그렸다.

당시에는 만화책 삽화란 천박한 상업주의의 상징이었다. 하지만 그날은 세상이 처음으로 '팝아트'를 만나는 역사적인 순간이 되었다. 그는 더 많은 만화를 베꼈으며 작품들을 전시했다. 평단을 지배하던 중년의 비평가들이 기다렸다는 듯이 달려들어 맹렬한 비난을 퍼부었다. 그러나 예술계에 새로 등장한 젊은 화가들은 그의 그림에 뜨거운 반응을 보였다. 로이 리히텐슈타인은 이제 예술사에서 뺄 수 없는 화가가 되었다.

아들의 말 한마디를 주의 깊게 들은 것. 그것이 미술사를 바꾸는 데 기폭제가 되었다. 한마디 말이 신세계를 연다. 마음을 열고 듣기를 한다면 내적 전환점이 열린다. 경청력이란 예술가뿐 아니라 우리 모두에게 필요한 능력이다. 잘 듣고자 한다면 우리는 매번 전환점을 만들 수 있다.

당나라 태종 이세민은 중국 역사에서 가장 훌륭한 왕으로 꼽히는 황제이다. 그는 최고의 태평성대인 '정관의 치'를 실현했다. 신하들에게 솔직하게 직언할 수 있는 환경을 조성했으며, 간언하는 신하를 곁에 두었다. 그의 정치 철학을 담은 〈정관정요〉는 군주의 도리와 인재 등용에 대한 지침을 보여준다. 그는 〈정관정요〉에서 이렇게 썼다.

"신하는 군주의 허물을 비춰주는 거울 같은 존재이니 역린(逆鱗)을 건드려 달라."

역린이란 용의 목에 거꾸로 난 비늘로, 용은 설령 등에 타고 있는 주인이더라도 역린을 건드리면 물어 죽인다는 전설이 내려온다. 요즘으로 치면 건드리면 발끈하는 자존심과 같은 것이다. 그러나 이세민의 충신 위징은 스스로 옳다고 믿는 일에 있어서는 군주의 역린을 건드리는 일도 마다하지 않았다.

지금도 회자되는 위징의 명언이 있다. 태종이 나라를 다스리는 원리를 묻자 그가 대답한다.

"임금은 배와 같고 백성은 물과 같습니다(君舟民水). 물은 배를 뜨게도 하지만 전복시킬 수도 있습니다."

감히 최고 존엄에게 하는 말이란 것이, '아무리 임금이라도 까불면 백성에게 혼난다.'는 얘기다. 위징은 태종의 결정이 백성을 위함이 아니면 즉시 제동을 걸었는데 자그마치 300번 이상, 그의 노여움을 살 정도로 과감하게 비판했다.

위징이 죽은 후에 태종은 고구려를 침입했다가 안시성 싸움에서 대패하고 회군했다. 야사에 전하길 태종은 안시성 전투에서 부상을 입고 3년 후 세상을 뜬다. 그는 죽기 전 '위징이 살아 있었다면 이번

원정을 말렸을 것'이라는 후회 막심한 심정을 남겼다(〈신당서〉 위징열전 편).

마오쩌둥은 중화인민공화국을 건설한 중국의 정치인이다. 그는 1930년대에 중국 독립을 위해 대장정을 시작했는데 어느 날 번개가 사람 머리에 떨어지는 인명사고가 발생했다. 그때 어떤 농부가 이렇게 외치며 탄식했다.

"번개는 마오쩌둥이 맞아야 했는데!"

하필 그 말이 마오쩌둥의 귀에 들어갔다. 마오쩌둥은 발언의 당사자를 찾아갔다. 처음 농부는 겁에 질린 얼굴이었으나 금세 단단히 화가 난 표정으로 바뀌었다.

"농사를 지어도 당이 다 가져가버리니 가족이 먹을 것이 없어서 화가 나서 그랬다."

마오쩌둥은 묵묵히 그의 말을 들었다. 화를 내지도 않았다. 그를 처벌하지도 않았다. 그리고 가만히 그 사람의 말을 가슴에 아로새겼다. '당이 너무나 많은 곡물을 거둬들이고 있는 것이다.'

마오쩌둥은 대장정 기간 동안 인민들의 말에 귀를 기울였다. 만일 그가 쓴 소리 듣기를 포기했다면 그의 혁명은 지지 기반도 잃고 변화 동력도 잃었을지 모를 일이다.

그렇다면 달콤한 소리를 듣는 것은 어떤 결과를 낳을까?

영화 〈간신〉을 보면 귀에 달콤한 소리가 어떤 결과로 이어지는지 잘 드러나 있다. 이 영화는 연산군 시대가 배경이다. 연산군의 마음을 사로잡으려고 암암리에 계략을 세우는 사람들이 등장한다. 그 중 임숭재, 임사홍 부자도 있다. 그들은 미색을 갖춘 여인 단희를 간택해 왕의 총애를 받으려고 한다. 장녹수는 두 부자의 계략을 알아차리고, 설중매라는 기생을 시켜 견제한다.

언뜻 보면, 후궁을 뽑기 위한 정상적 과정 같지만, 자세히 들여다보면 뒤에서 왕실을 조종하고자 하는 간신들의 암투다. 단희와 설중매 등 수많은 여인들은 간택되기 위해 치열한 다툼을 벌이는데 그 사이 배후에서 조종하는 간신들의 셈법도 시시각각 달라진다. 자기 밥그릇 챙기기 급급한 간신들 속에서 연산군은 외롭다. 간신들의 달콤한 말은 연산군을 실패한 왕으로 만든다.

귀에 달콤한 말은 그때만 좋을 뿐이고, 귀에 쓴 말은 그때만 싫을 뿐이다.

귀가
승자를 만든다

중국 역사에서 개인적으로 특출한 능력을 가지고 있지는 않았지만 최후의 승리를 한 사람이 있다. 그 대표적인 사람이 한 고조 유방이다. 그가 라이벌이던 항우를 물리치고 황제가 될 수 있었던 결정적인 이유는 무엇인가. 유방은 이렇게 말했다.

"군막 속에서 계책을 짜내 천리 밖에서 승리를 결판내는 것은 내가 장량만 못하고, 백성들을 위로하고 양식을 공급하고 운송도로를 끊이지 않게 하는 것은 내가 소하만 못하오. 또 백만 대군을 통솔해

싸우면 어김없이 이기고 공격하면 어김없이 빼앗는 것은 내가 한신만 못하오. 내가 적을 이기고 천하를 얻을 수 있었던 까닭은 이 빼어난 인재들을 임용할 수 있었기 때문이요. 항우는 범증 한 사람만 있었으면서도 그를 중용하지 않았으니 이것이 그가 내게 사로잡힌 까닭이요."

유방의 말처럼 그는 장량, 소하, 한신과 같은 인재가 있었기 때문에 천하를 얻을 수 있었다. 그는 어떻게 그런 인재들을 옆에 둘 수 있었을까. 항상 들을 준비가 되어 있었기 때문이다. 책사 장량이 태공병법(太公兵法)에 통달한 후에 뜻을 함께할 왕을 찾아다닐 때, 유방은 그의 말을 경청하고 장량을 책사로 등용하여 천하를 얻었다. 그는 또한 간언을 잘 받아들였고 그때마다 자신을 내려놓았다.

유방이 진나라 수도 함양에 들어섰을 때 유혹과 함께 아부도 많았다. 번쾌가 유방에게 궁 밖으로 나갈 것을 권유했을 때 유방이 들으려고 하지 않자 장량이 '충성스러운 말은 귀에 거슬리지만 행동하면 이롭고, 좋은 약은 입에 쓰지만 병에 이롭다고 합니다.'라고 했다. 비로소 유방은 마음을 다스리고 번쾌와 장량의 말을 받아들여 진나라 보물과 창고를 그대로 놔두고 회군했다. 그리고 마침내 진나라 사람들의 마음을 사로잡았다.

"민중시인, 이것이 내가 받은 진짜 상이다."

파블로 네루다는 시대정신을 잘 들은 시인이다. 노벨 문학상을 수상한 그는 12세 때 칠레의 저명한 시인 가브리엘라 미스트랄을 만나 위대한 고전작가들에 대해 눈 뜨게 된다. 그는 자신의 시와 정치사상을 통해 동시대 라틴아메리카에서 지대한 영향력을 발휘했다. 고국인 칠레에서 국가적 영웅으로, 일반 독자층으로부터 평범한 삶의 찬양자이자 국민적 정체성의 창시자로 존경받았다.

산티아고의 어느 판자촌에서는 그의 이름을 따라 마을명을 정하고, 그의 시집 제목을 따라 비포장도로명을 붙이기도 했다. 칠레 밖에서 볼 때도 네루다는 시대를 통틀어 가장 많이 번역되는 시인으로서, 가브리엘 가르시아 마르케스가 소설에서 그랬듯이 그 지역의 특징적인 목소리이자 전 세계적인 영감과 영향력의 원천으로서 라틴아메리카 시에 크게 기여했다. 네루다는 무려 2천 페이지 30권 이상의 책을 출판하며 시적 발전을 이룩했는데, 그는 시대가 원하는 것을 듣고 표현할 줄 아는 시인이었다.

"시인은 민중을 두려워해서는 안 된다. 삶은 내게 이런 경고를 한 것 같았다. 그리고 절대 잊을 수 없는 교훈을 얻었다."

정치인 토론회에 달리는 댓글을 보면 '사이다' 또는 '고구마'라는 말이 회자되곤 한다. 국민의 가려운 점에 답변을 잘 하면 시원하지만 그렇지 못하면 답답하다는 인상을 준다. 사실 대중이 원하는 것은 큰 것이 아니다. 평온이 머무는 여유 있는 저녁 같은 것이다. 너무 먼 이야기가 아니라 오늘 우리 가족의 행복이다. 정치인들은 매번 경제를 외치지만 실제 서민의 피부에 와 닿는 것은 없었다.

선거철만 돌아오면 온갖 감언이설이 쏟아진다. 금방이라도 경제가 좋아질 것처럼, 세상을 바꿀 것처럼 말들을 한다. 시장통의 한 국밥집에서 서민경제를 걱정하며 밥을 말아 먹던 정치인이 생각난다.

이젠 국민 의식이 높아졌다. 선거 끝나면 말잔치도 함께 사라진다는 것을 안다. 대중들이 원하는 리더의 모습은 예전과 달라졌다. 리더들에게 화려한 스펙만을 요구하던 시대는 지났다. 대중은 리더가 귀를 갖고 있는 사람이길 바란다.

정치인뿐 아니다. 함께 살아가야 할 리더가 일반의 삶을 모른다면 곤란하다. 듣기를 하지 않는 리더라면 결국 대중과 함께 갈 수 없다. 시대와 함께 호흡하는 리더만이 자신의 소신을 펼칠 것이다. 듣지 않는 리더에게 대중은 마음의 문을 닫는다. 듣기야말로 가장 쉽게 사람의 마음을 열 수 있는 언어지능이다.

"자신의 생각을 효과적으로 알리지 못하는 이는
다른 사람에게 영향력을 행사하지 못할 뿐만 아니라
존경을 받을 수 없다."

– 브라이언 트레이시

• 말하기의 장 •

말은,
듣는 사람이
주인이다

01

세상에서 가장 빨리
추락하는 방법

조선 후기, 임상옥이 청나라와의 거래를 위해 북경에 갔을 때의 일이다. 그는 사신을 따라 북경으로 갈 채비를 하며 예전, 청나라에 함께 다녀왔던 문상을 불렀다. 문상은 배탈을 핑계로 청나라 행을 거절했다. 과거, 문상은 북경의 후미진 마을에 갔다가 장사 밑천을 도둑맞고 오도 가도 못한 처지에 놓였던 적이 있었다. 그때 문상과 자주 거래하던 호상이 훗날 갚으라며 장사 밑천을 대줘 위기를 모면했을 뿐 아니라 한밑천 단단히 잡기도 했었다. 그런데 문상은 돈 갚을 생각은커녕 장삿길 떠나는 것조차 꺼리고 있었다.

임상옥은 문상의 그 심보가 괘씸했다. 아무리 배은망덕해도 그렇지, 몸이 못 가면 돈이라도 보내야지 않겠는가. 그랬더니 문상이 하는 말이 가관이다.

"뭘 그리 걱정이 심하십니까? 혹 그 호상이 제 안부를 묻거든 중병을 앓다가 죽었다고 하면 그만이 아닙니까?"

임상옥은 문상의 비열함에 혀를 끌끌 차며 홀로 북경에 도착했다. 문상의 일을 까마득히 잊을 만큼 바쁜 나날이 이어졌다. 어느 날 호상이 어두운 낯빛으로 찾아왔다.

"소문에 듣자니 그 문상이 급살병으로 죽었다고? 아까운 인재를 놓쳐서 정말 섭섭하구먼. 우리 장사 풍습은 한번 그 사람이 눈에 들면 밑천을 대줘서 뒤를 밀어주고, 실패해 본전을 날리더라도 세 번까지는 봐주는데……. 참 아까운 사람이네 그려."

눈물을 흘리던 호상은 임상옥에게 은자를 주며 자녀가 어리고 집안도 가난할 터이니 이것으로 장사를 지내게 하라고 했다.

사정을 알고 있던 임상옥은 곤란했다. 입을 꾹 다물고 있자니 미안한 마음이었고 이실직고를 하자니 마음에 걸렸다. 그저 호상이 내민 은자를 아무 말 없이 받아들었다. 임상옥은 북경 일을 마치고 압록

강을 건너자마자 문상의 집을 찾았다. 호상의 마음씀씀이를 전하고 그를 나무랄 생각이었는데 웬걸, 그의 집 앞에 장터마냥 사람들이 모여 있었다. 의아해하며 마당에 들어서니 초상이었다. 누가 죽은 걸까? 곡하는 상주를 보니 문상의 아들이었다.

"이 사람이 과연 자기가 앞세운 말대로 죽었구나."

그는 북경에서 받아온 은자를 아들에게 전해주며 죽은 까닭을 물었다. 임상옥이 북경으로 떠난 뒤, 문상이 갑자기 열병을 앓기 시작했고 백약이 다 효험이 없다가 운명했단다. 남긴 말은 없더냐고 물으니, 임종 때 몹시 후회하며 당신이 상인의 신의를 저버렸다고 한탄하며, '자신은 그 죄 갚음으로 죽지만 자식들은 꼭 신의를 지키는 사람이 되고 그 호상에게 진 빚을 꼭 갚고 사죄하라.'는 말을 남겼단다.

어떤 역사책을 펼치더라도 말로 인해 인생이 파탄난 사람들의 이야기는 넘쳐난다. 이 때문에 말에 관한 속담도 많다. '평원치마 이방난수(平原馳馬 易放難收)'는 '평원을 치달리는 말은 풀어놓기는 쉬워도 불러 거두어들이기는 어렵다.'는 뜻이다. 말을 한번 달리면 멈출 수가 없다는 의미인데, 이 말(馬)은 말(言)을 뜻한다. 한번 내뱉은 말은 취소할 수가 없다는 의미다. '일언기출 사마난추(一言旣出 駟馬難追)'도 마찬가지. '이미 내뱉은 한마디 말은 사두마차로도 쫓아갈 수가 없다.'란 뜻이다.

〈도덕경〉제5장에도 말을 경계하는 구절이 있다.

"말이 많을수록 자주 궁색해지니 속을 지키는 것만 못하다(多言數窮 不如守中)."

노자는 제23장에서도 "말을 적게 하는 것이 자연스럽다(希言自然)."고 적었다. 사실 〈도덕경〉에는 곳곳에서 입방정을 단속하는 문장이 다수 존재한다.

우리 조상들이 세 번 이상 생각한 다음에 신중히 말을 해야 한다는 뜻으로 삼사일언(三思一言)을 강조한 것도 모두 같은 맥락이다.

흥망에 말이 개입하는 건 오늘날도 마찬가지다. 그러나 말이 주로 흥보다는 망에 개입하는 걸 보면 조심성을 강조하는 건 지나친 일이 아니다. 재치 있는 입담과 수준 높은 강연으로 인터넷 강의와 대중매체까지 점령한 설민석 강사가 좋은 예다. 그는 한 강의에서 '3·1운동 민족대표 33인'을 '잘못' 언급했다가 구설수에 올랐다.

민족대표 33인의 후손들은 곧바로 항의하며 공개사과를 요구했다.

이에 설민석 강사는 페이스북에 사과문을 올렸는데 그게 또 손병희 선생의 외손자 정유헌 씨에게는 제대로 된 사과처럼 보이지 않았던 모양이다. 그가 말했다.

"재미있게 전달하려는 과정에서 표현이 지나쳤다는데, 표현이 지나친 것과 역사를 왜곡하는 것은 차이가 있다. 명예훼손이기 때문에 좌시하지 않고 책임을 물을 것."

학자들도 한마디 거들었다.

"학계에서도 다양하게 평가하는 역사적 사건을 단정 짓듯 강의한 것은 경솔했다."

성을 짓기 위해서는 벽돌을 하나씩 쌓아올리는 정성과 노력이 필요하지만 성을 허물기 위해서는 벽돌 하나쯤 없어도 된다는 자만심으로 충분하다. 올라가기는 힘들어도 내려가기는 한순간이다.

02

말의 주인인가,
노예인가?

미래학자 다니엘 핑크가 내한강연을 했을 때 일이다. 한 참석자가 이런 질문을 던졌다.

"'힐링데이'란 이름으로 자유시간을 주었더니 직원들이 사우나를 가거나 개인적인 일에 사용합니다. …(중략)… 회사 실적이 힐링데이 제정 이전과 다르지 않습니다. 어떻게 해야 좋겠습니까?"

이에 다니엘 핑크가 조언을 주었다.

"'힐링데이'란 명칭을 '경험의 날'로 바꾸면 어떻겠습니까?"

'힐링데이'란 말을 듣는 순간 직원들의 마인드는 '쉬어야 하는 날'로 세팅되는 반면, '경험의 날'로 바꾸면 새로운 경험을 추구하는 시간으로 방향 짓기 때문이다.

대학교 교수들의 '안식년'을 '연구년'으로 바꾼 것도 관점전환의 일환이다. 안식하는 해와 연구하는 해는 그 암시하는 바가 하늘과 땅 차이다. 모 대기업은 '특별 보너스'를 '자기계발비'라 명시하는 것만으로 기존보다 책 구매비가 현격히 늘었다고 한다. 미국의 인지언어학자 조지 레이코프(George Lakoff)는 말했다.

"개인의 삶은 복잡한 현상을 설명할 때 이용하는 핵심적 은유에 영향 받는다."

언어의 암시성은 많이 연구된 분야 가운데 하나다.

미국의 아론슨과 린다는 '말의 어순'이 끼치는 영향을 연구했다. 이들은 말의 순서만 바꾸어도 사람에게 끼치는 인상이 달라진다고 발표했다. 케리라는 학자는 사람을 소개할 때 사람의 성격에 대해 부정적인 단어를 사용하는 것만으로도 소개받은 사람의 인상이 좌우될 수 있다고 지적했다.

말이, 말하는 사람 자신에게 끼치는 영향을 연구한 사람도 있다. 미국 워싱턴 대 심리학과 엘머 게이츠(Elmer Gates) 교수는 부정적 언사가 자기 자신에게 얼마나 나쁜 영향을 끼치는지 실험으로 증명했다. 사람들이 말할 때 나오는 침 파편을 모아 침전물을 분석했더니 감정 상태에 따라 색깔이 달랐다. 침전물은 평상시에는 무색이었다가 '사랑한다'는 말을 할 때는 분홍색이 되었다. 반면 화내거나 짜증 낼 때, 욕할 때의 침전물은 짙은 갈색이었다. 갈색 침전물을 모아 흰 쥐에게 주사했더니 몇 분 만에 죽었다. 1시간 내내 화내며 욕을 내뱉는 사람에게는 실험용 쥐를 죽일 수 있는 독이 있었다.

기원전 4세기경 인물인 고르기아스(Gorgias)는 탁월한 언변으로 명성이 높았다. 시실리섬 레온티니(Leontini)에서 출생한 그는 엠페도클레스(Empedocles)의 제자로 프로타고라스(Protagoras)와 함께 활동한 1세대 소피스트다. 그는 말의 영향력을 기원전부터 알고 설파했다. 20세기 초 커뮤니케이션 학자들은 그의 어록을 살펴보면서 그가 설득 커뮤니케이션의 일인자임을 알게 되었다.

기원전 427년, 그는 펠로폰네소스 전쟁 초기에 레온티니 보호를 요청하라는 명을 받게 된다. 그리고 시라쿠사(Siracusa)에서 아테네로 특파되어 성공적으로 미션을 완수한다. 그 후 아테네에 정착해 레토릭을 전파한다. 그리고 아테네에 민주주의 제도가 발전하고 스피치 교사의 수요가 늘어나게 된다. 그는 많은 소피스트를 끌어들였다. 말의 강력한 힘을 알았고 언어의 소리와 리듬의 주술적 효과도 신뢰했기 때문이다. 운율에 맞춰 화려한 스타일로 그리스 말을 낭송하면 사람의 마음도 치유할 수 있다고 믿었다. 그는 은유, 유머와 시적인 감흥이 묻은 웅변으로 아테네에서 최고의 명성을 누릴 수 있었다. 그는 이렇게 말했다.

"약이 몸에 작용하듯이 말은 영혼에 작용한다. 말의 힘은 물리적인 힘보다 세며, 말의 힘은 신의 힘과 같다."

말의 놀라운 암시성을 잘 알고 있는 유대인 부모들에게는 두 가지 언어습관이 있다. 이들은 자녀들이 어릴 때부터 '싸블라누트', '마잘톱'이란 말을 자주 쓴다. '싸블라누트'는 '인내심'을 뜻하는 히브리어이다. 자꾸만 보채는 아이 때문에 평상심을 유지하기 힘들 때 유대인 부모들은 아이에게 '싸블라누트'라고 말한다. 일에 순서가 있으니 기다리라는 의미로 아이에게 하는 말인 동시에, 엄마인 내가 엄마로서 준비될 때까지 기다려 달라는 뜻이다. 아이 못지않게 엄마에게도 기다림의 시간은 필요하다. 부모가 악마로 변하는 것은 순식간이다. 그 순간을 넘기기 위해 필요한 주문이 '싸블라누트'다.

'마잘톱'은 히브리어로 '축하한다.'는 뜻이다. 유대인들은 실수할 때 '마잘톱'이라고 말한다. 왜 실수가 축하할 일인가? 실수를 통해서 배움의 기회를 얻었기 때문이다. 삶의 중요한 가르침이란 대개 실수에서 주어지는 경우가 많지 않은가. 아이들이 자라면서 여러 가지 실수를 할 때도 부모는 '마잘톱'이라고 말한다. 이제 아이는 이 말이 무슨 뜻인지 안다. 당황, 절망, 분노 등의 감정에서 벗어나와 차분하게 문제를 해결할 수 있는 준비가 된다.

사람은 언어의 주인이다. 그러나 주인이 어떤 마음으로 그 말을 부리는지에 따라 때로 말이 주인을 물어죽이기도 하고, 주인을 더욱 높여주기도 한다. 당신은 말의 주인인가, 아니면 말의 노예인가?

03

말은,
듣는 사람이 주인이다

미국 39대 대통령 지미 카터가 해군사관학교 졸업 후 장교로 복무
했을 때의 일이다. 해군 대위였던 그는 원자력 잠수함 요원 모집에
지원했다. 마침 그의 면접관은 최장기 해군 제독을 지낸 하이먼 리코
버 대령이었다. 그가 첫 질문을 던졌다.

"귀관은 해사생도 시절을 성공적으로 보냈나?"

지미 카터는 자신이 최선을 다해 공부하여 우수한 성적을 거두었
다고 생각하고 '예!'라고 씩씩하게 대답했다. 질문이 이어졌다.

가장 인간적인
4가지 도구의 힘

"최선을 다했다고 생각하는가?"

그 질문에도 지미 카터는 '예!'라고 대답했다.

그런데 가만히 생각해 보니 정말 자신이 최선을 다했는지 의심스러웠다. 카터는 곰곰이 생각하다가 대답을 번복했다.

"아닙니다. 최선을 다하지 못한 것 같습니다."

그랬더니 하이먼 리코버 대령이 다시 물었다.

"왜 최선을 다하지 않았는가?"

다행히 지미 카터는 면접에서 통과되었다. 그리고 훗날 미국 대통령이 되었다. 그러나 리코버 대령의 질문은 계속 그의 뇌리를 떠나지 않았다. 카터는 인생의 주요한 순간을 지날 때마다 리코버 대령처럼 스스로에게 묻기 시작했다. '나는 최선을 다했는가?' 그 질문은 지미 카터에게 성찰하는 힘을 주었다.

한 개인의 인생에 영향을 끼치는 말은 어떤 형태를 갖고 있는 것일까? 리코버 대령의 질문은 한 가지 힌트를 준다. 그는 정해진 답을 유도하는 질문이 아니라 스스로 생각하게끔 만드는 질문을 던진다. 꼭 질문이 아니어도 상관없다. 어떤 말은 강압적이거나 폐쇄적이지 않고 듣는 사람의 마음을 움직이는 힘을 갖고 있다.

카네기멜론대학교 컴퓨터공학 교수 랜디 포시는 말기 췌장암에 걸려 시한부 인생을 선고 받았다. 그는 피츠버그 캠퍼스에서 '마지막 강의'를 열겠다고 공고했다. 이 자리에는 학생과 동료 교수 등 400명이 참석했다. 그의 마지막 강의는 유쾌한 웃음으로 시작해 뜨거운 울음으로 이어졌다. 랜디 포시는 '마지막 강의'가 자신의 세 아이들, 딜런(6), 로건(3), 클로이(1)를 위한 선물임을 밝혔다.

"나의 마지막 강의는 모두 비디오테이프로 녹화되었다. 나는 그 날 내가 무엇을 했는지 잘 알고 있다. 교양 강의라는 명목 아래 나는 스스로를 병 속에 넣었다. 이 병은 미래의 어느 날, 바닷가로 떠 내려와 내 아이들에게 닿을 것이다. 만약 내가 화가였다면 아이들을 위해 그림을 그렸을 것이다. 음악가였다면 작곡을 했을 것이다. 그러나 나는 강의를 하는 교수다. 그래서 강의를 했다. …(중략)… 지금 내 아이들은 대화를 하기에는 너무 어리다. 모든 부모들은 자식들에게 옳고 그름에 관하여, 현명함에 관하여, 그리고 살면서 부닥치게 될 장애물을 어떻게 헤쳐 나가야 하는지 가르쳐주고 싶어 한다. 또 부모들은 행여 자식들의 삶에 나침반이 될 수 있을까 하여 자신들이 살아온 이야기를 들려주고 싶어 한다. 부모로서의 그런 욕망이 카네기멜론대학에서의 '마지막 강의'를 하게 된 이유다."

랜디 포시의 마지막 강의는 동영상으로 제작되어 유튜브를 통해 전파되었다. 독일어, 중국어, 스페인어로 번역된 동영상을 본 시청자는 전 세계에 걸쳐 1,000만 명을 넘어섰다. 공중파 매체도 예외는 아니었다. 미국의 ABC방송은 랜디 포시의 투병기와 '마지막 강의' 내용을 특집으로 내보냈다.

그가 마지막 강의를 통해 자식들에게 전달하려는 메시지가 무엇인지 중요하지 않은 것 같다. 사실 우리는 그 이전에 '마지막'이라는 단어가 암시하는 진정성을 느낀다. 사람은 어려움 가운데에서도 따뜻함을 잃지 않는 자에게서 인간적 강인함을 느끼고 존경심을 갖게 되며, 무엇보다 그 사람의 진심 어린 마음을 받아들이게 된다.

1980년 미국 대통령 선거에서 로널드 레이건은 재선을 노리던 당시 대통령 지미 카터에게 도전장을 냈다. 그는 텔레비전 토론의 마지막 발언을 통해 토론의 승리는 물론이고 더 나아가서 선거전에서 압승을 거둘 수 있었다. 레이건은 다음과 같이 말했다.

"선거일은 다음 주 화요일입니다. 투표장에서 결정을 내리기 전에 한번 자문해 보십시오. 4년 전보다 여러분의 생활은 나아졌습니까? 4년 전보다 물가는 안정되었습니까? 4년 전보다 주변의 실업자는 줄어들었습니까? 4년 전보다 미국은 전 세계인의 존경을 받고 있습니까? 4년 전보다 안보가 강화되었습니까? 만약 이 질문들에 대한 여러분의 답이 'No'라면 선택은 자명합니다. 이러한 4년이 되풀이되어선 안 된다고 생각하신다면 나는 여러분이 다른 선택을 하기를 권합니다."

레이건은 자신에게 투표를 해달라는 말은 하지 않았다. 그의 말은 대선 주자의 자기 홍보 같은 느낌을 주지 않는다. 대신 그의 말은, 객관적인 입장에서 사태를 보도록 돕고 있으며, 또한 그 말에 억지가 없다. 우리가 그날 TV에서 그 장면을 보았더라면 우리 역시 레이건이 토론의 품격을 높이고 있다고 생각했을 것이다.

어떤 사람의 말에는 울림이 있다. 사람의 마음을 움직이게 하는 힘이 있다. 말에도 무게가 있는 것이다. 그런 말은 강도의 칼처럼 상대의 목을 겨냥하지 않는다. 그런 말은 경찰의 방패처럼 평화시위대의 진행을 가로막지도 않는다. 도리어 그런 말은 씨앗과 같아서 듣는 이의 가슴에서 자발적으로 꽃을 피우도록 만든다. 왜냐하면 말이란 말하는 사람이 주인이 아니라 듣는 사람이 주인이기 때문이다.

"배를 만들고 싶을 때 사람들을 숲에 불러 모아 일감을 나눠 주고 명령할 필요는 없다. 대신에 넓고 끝없는 바다에 대한 동경심을 키워 줘라."

생텍쥐페리의 말이다.

04

전달되는 건
말이 아니라 신념이다

"……좋은 말이라고 해서 반드시 모두 좋은 마음에서 나온다고 할 수는 없다. 그러나 마음이 좋아야 사람이 좋고, 사람이 좋아야 말이 좋게 마련이다. 아랫사람이 윗사람에게 드리는 말을 귀중하게 여기는 까닭은 정성스럽고 정직하기 때문이다. 명예를 팔아먹는 자를 미워하고 사사로이 욕심을 품은 자를 혐오하기 때문이다. 또한 권력과 세력에 의지하여 다른 사람을 함정에 빠뜨리는 일을 증오하기 때문이다. 말은 가려 해야 하고, 마음은 굳세어야 하며, 뜻은 높아야 하고, 마음은 넓어야 하며, 일은 진실해야 하고, 학문은 힘써야만 한다."

정조대왕의 〈홍재전서〉 훈어 3(訓語三)에 나오는 글귀다. 말은 그 사람의 의식 상태를 고스란히 비춰준다.

언젠가 A 교수는 토털 상담센터에 대한 아이디어를 꺼냈다. 놀이치료, 미술치료, 언어치료, 독서치료, 글쓰기치료 등 모든 심리 치유 기법을 원스톱으로 운영한다는 골자였다. 30년 사회복지 분야 교수인 만큼 기획력만큼은 탁월했다. 그는 이 생각을 10년 전부터 갖고 있었다고 했다. 그런데 궁금한 게 있었다.

"그러면 10년 동안 무엇을 하셨는지요?"

A의 제자인 후배 교수가 딱 잘라 말했다.

"금전적인 여력이 없어서 못 했죠."

그러면서 '누군가 사무실을 무료로 임대해주면 좋을 텐데.'라는 말을 덧붙였다.

나는 왜 그 아이디어가 생각으로 끝날 수밖에 없었는지 바로 알아차렸다.

우리가 듣는 건 그 사람의 말이지만 그 말에는 그 사람의 의식 상태가 담긴다. 가깝게는 그 사람이 자주 사용하는 어휘를 통해 그 사람의 의식을 엿볼 수 있고, 멀리는 자주 사용하는 맥락을 통해서 그 사람의 생각 저편을 짐작할 수 있다.

이와 같이 말이란 것이 말 자체의 포장력이 전부가 아님을 안다면 말이란 잘하고 못하고의 문제가 아님도 알 수 있다. 말이란 사고방식을 담는 그릇일 뿐이기 때문이다. 말은 한 사람의 가치관이나 신념을 담고 있다. 그래서 선한 영향을 끼치는 좋은 말에는 시대정신이 담겨 있다. 혼자만 잘 먹고 잘 살겠다는 사람들의 말은, 대중의 관심을 불러오지 못한다. 조금 달리 말하면 명분이 있어야 한다는 말이다.

우리는 명분 담긴 진실한 말의 예를 빌 게이츠에게서 찾을 수 있다. 2000년, 그는 어린이 질병 퇴치를 위해 거액의 돈을 들여 빌앤멜린다게이츠 재단을 설립했다. 그는 재단 설립의 배경과 어린이 질병 퇴치의 필요성을 역설하기 위해 연단에 섰다. 그 자리에는 하버드 졸업생들이 모였는데 그들은 미래에 영향력과 돈 그리고 권력을 갖게 될 사람들이었다. 빌 게이츠는 쉽게 치료할 수 있는 질병 때문에 아이들이 목숨을 잃는 현실에 대한 분노를 표출하기도 했다.

"약이 없는 게 아닙니다. 그런데 단돈 1달러도 안 되는 돈 때문에 이권이 개입되었고 그러한 이권다툼 때문에 아이들의 생명을 구할 수 있는 약이 전달되지 않았던 겁니다."

빌 게이츠는 이 문제 해결이 단시일에 끝날 수 없음을 잘 알고 있었다. 그래서 다음 세대의 기득권층이 될 수 있는 사람들에게 자신들의 메시지를 전달하는 것이다.

"여러분은 저희 세대보다 더 많은 것을 가졌습니다. 따라서 여러분은 저희보다 더 빨리 시작하고 더 오래 해야 합니다."

나는, 이런 메시지를 담고 있다면 설령 그 연설자가 화를 내도 좋다고 생각한다. 그가 화를 내면 낼수록 진정성은 더 커지는 것 같은 묘한 느낌도 든다. 그는 시대정신의 회복을 촉구하고 있고, 그 목소리에는 떨림이 있다.

빌 게이츠처럼 크게 말하는 비밀은 무엇일까? 다행히 한 권의 책이 '크게 말하기'라는 주제를 친절히 풀어주고 있다. 안상헌 저자의 〈거인의 말〉이다.

그는 인문학 독서광으로 소문이 나면서 기업체나 공공기관, 학교 등에서 강의 요청을 받았고, 강사들의 무덤이라고 불리는 공무원 강의에서 평점 5점 만점을 받은 최초 강사가 되었다. 원래 말하기를 잘했을까. 저자가 말한다.

"궁하면 변하는 법, 변화를 시도했다. 말을 잘할 수 있게 도와준다는 프로그램에 참여도 해보고, 말할 내용을 몽땅 외워보기도 했다.

이런저런 노력들은 모두 좌절로 이어졌다. 그러다 스티브 잡스의 연설을 들었다. 그는 다른 세계에서 온 사람 같았다. 내가 꿈꾸던 말하기가 그의 입에서 흘러나오고 있었다. 그를 분석했다. 재미가 붙었다. 다음은 버락 오바마였다. 법륜 스님이었다. 노무현 대통령이었다. 그렇게 조앤 롤링, 존 F 케네디, 킹 목사, 오프라 윈프리의 말하기를 배웠다. 그들의 말에는 공통점이 있었다. 그것을 발견했을 때의 희열이란!"

저자는 '이 시대 거인들의 말하기'를 파고든다. 그 첫째 비밀은 '거인들은 그림 그리듯 말한다.'라는 것이다. 언어의 마술사들은 하나같이 그림 그리듯 말하기를 한다. 인종차별 철폐를 부르짖은 킹 목사의 수채화 같은 언어나, 잡스의 스케치 같은 말하기, 오바마의 4단 만화 같은 연설은 모두 그림 그리듯 말하기라는 공통점을 지니고 있다.

둘째 비밀은 '거인들은 스토리로 말한다.'라는 것이다. 단순히 이야기를 의미하는 게 아니다. 저자는 심장을 옥죄는 쫄깃쫄깃한 이야기를 만들려면 몇 가지 요소를 가미해야 한다고 말한다. 몰입도를 높이기 위해 스티브 잡스가 삽입한 갈등, 현장감을 높이기 위해 오프라 윈프리나 '100번 거절'로 유명한 지아 지앙이 활용한 대화체, 메시지

를 감각적으로 전달하기 위해 노무현 대통령이 사용한 직설화법이
나 친근한 비유, 그리고 스토리를 우리 삶과 고리지어주기 위해 거인
들이 공통적으로 사용한 의미부여 방법까지 저자는 귀를 여는 말하
기를 위해 핵심 요소를 빠뜨리면 안 된다고 말한다.

셋째 비밀은 '거인들은 자기만의 단어가 있다.'라는 것이다. 거인
들의 탁월한 단어 선택 방법에는 5가지가 있다고 저자는 설명한다.
하나는 각자의 색깔에 맞는 단어 선택의 중요성이다. 내가 쓰는 단어
는 나의 정체성, 특히 미래까지 연결되는 미래지향적 정체성을 드러
내는 표현이어야 효과가 높다고 말한다. 둘은 구체적인 예시의 선택
이다. 선택한 단어가 방향성을 담보한다면 단어를 넘어 예시 선택까
지 이어질 때 설득력을 높일 수 있다. 셋은 인용이다. 자기 말에 권위
를 부여하고 객관성을 높이는 효과가 있다. 넷은 맺고 끊음을 명확히
하기 위한 중간 정리이며, 다섯은 기억에 남는 한 문장의 선택이다.

넷째 비밀은 '거인들은 시대의 철학을 담는다.'라는 것이다. 입에
서 나와서 귀로 들어가는 건 말이지만 마음에 닿는 건 그 말에 담긴
신념이다. 신념을 담기 위해서는 어떻게 해야 할까? 첫째, 저자는
'왜(why)'를 말할 줄 알아야 신념 공유가 가능해진다고 설명한다. 둘
째, 말의 울타리를 넓힐 줄 알아야 한다. '나'나 소수의 집단을 위한

말하기가 아니라 포용할 수 있는 말하기일 때 감동이 온다. 셋째, 비상식을 거부하고 상식의 철학을 회복하는 것이다. 넷째, 혼자 말하기 시대는 끝났다. 질문을 주고받으며 청중과 함께 이야기를 만들어 가는 자리를 만들어야 한다. 다섯째, 우리 시대가 요청하는 철학을 담아야 한다는 것이다.

흥미로운 사실이 있다. 어느 교도소였는지는 잘 기억나지 않는다. 하루는 교도소 수감자들에게 일일 강연을 맡겼다. 청중은 동네 유치원의 아이들. 이 말도 안 되는 조합을 어떻게 생각해야 할까? 강연이란 배울 만한 게 있는 사람에게 부탁하는 게 정상이 아닌가? 그런데 놀랍게도 강단에 선 수감자들은 유치원 아이들에게 이렇게 말하고 있었다.

"여러분, 나쁜 짓 하면 절대 안 돼요. 선생님 말씀 잘 듣고, 친구들과 사이좋게 지내야 해요."

왜 이런 일이 벌어진 것일까? 여러 해석이 가능하겠지만 수감자들도 본능적으로 말이란 신념과 철학을 담고 있어야 하며, 사람들에게 두루 유익이 되어야 함을 잘 알고 있는 것 같다.

"무슨 이야기를 하기 전에 생각할 여유가 있거든 그것이 말할 만한 가치가 있는지 없는지, 말할 필요가 있는지 없는지를 먼저 생각하라."

앙리 드 레니에의 말이다.

05

세상에서 두 번째로 나쁜 말,
전략 없이 지루한 말

미국의 작가 마크 트웨인은 기부금 모금을 위한 목사의 강연을 듣기 위해 교회에 갔다. 목사는 박학다식하고 말솜씨가 좋고 목소리가 낮고 굵어서 청중의 마음을 단숨에 사로잡았다. 마크 트웨인도 목사가 달변가라고 생각했다. 그래서 설교가 끝나면 기부금을 내야겠다고 마음먹었다. 하지만 10분이 다 되도록 목사의 강연은 끝날 줄을 몰랐고, 그때까지 본론격인 기부금 모금에 관한 말은 단 한마디도 꺼내지 않았다. 목사가 계속 변죽만 울리고 있자 마크 트웨인은 짜증이

났다. 기어이 10분이 지날 무렵, 목사가 본론에 들어갔다. 하지만 마크 트웨인의 인내심은 이미 한계에 달했다. 그는 목사가 무슨 말을 하는지 도저히 집중해서 들을 수 없었고, 한 푼도 기부하지 않기로 마음을 고쳐먹었다.

우리는 때때로 목적이 수단을 합리화하지 못한다는 말을 듣는다. 목사는 기부라는 목적을 위해 강연이라는 수단을 택했으나 그게 도리어 마크 트웨인의 마음을 바꾸어버렸다.

말하기도 목적이 있고, 수단이 있다. 미국 미시건 주에서 벌어진 다음 사건은 목사와 정반대의 사례로, 수단은 비록 자극적이고 비합리적이었다고 손가락질을 당할지 모르지만 목적을 달성하는 데는 뛰어난 경우다.

'책 불태우기 파티'.

폐쇄 위기에 놓였던 미국 미시건주의 트로이 공립 도서관을 구한 것은 이 슬로건이었다. 이 도서관은 유서 깊고 아름다운 곳이었지만 지방행정의 재정난을 이유로 폐쇄 여부를 검토했던 것이 이 캠페인의 발단이었다. 도서관을 존속시킬 경우 세금을 올려야 했는데 지방당국은 주민 투표로 찬반을 가리게 되었다. 그러나 문제의 본질이 호도되는 상황에 처하고 말았다. 처음 이 문제의 핵심은 '도서관 존속 여부'였으나 시간이 갈수록 '증세 문제'로 바뀌고 말았다. 도서관 존속을 지지하는 쪽에서는 어떻게든 증세 시비가 아닌 도서관 존속 여부로 초점을 돌려놓아야 했다.

도서관 존속 찬성파는 한 가지 아이디어를 떠올렸다. 자신들의 주장과는 반대되는 '도서관 따위 없애 버리고 거기 있는 책을 모두 불살라 버리자'는 과격한 슬로건을 내세운 것이다. 실제로 페이스북 계정도 개설해 책을 불태우기 위한 준비 과정을 과장스럽게 알렸다. 마을 주민들은 충격을 받았다. 사람들은 SNS에서 서로의 의견을 나누고 친구들과 공유했다. 그렇게 논쟁에 불이 붙자 도서관 존속을 지지하는 쪽에서는 이 캠페인의 '진짜' 목적을 다음과 같이 밝혔다.

"도서관 존속 반대에 투표하는 것은 책을 불태우자는 것과 같습니다."

사람들은 다시 SNS에 이 사실을 올렸고 뉴스는 확산되기 시작했다. 도서관 존속을 지지하는 쪽은 '증세 시비'에서 그들의 목적이던 '유서 깊은 도서관의 존속'으로 초점을 바꾸는 데 성공했다. '책 불태우기 파티'라는 한마디 슬로건으로 민의는 역전되었다.

유머도 때때로 목적 달성을 위한 좋은 수단이 될 때가 있다.

1984년 미국 대통령 선거에서 맞붙었던 로널드 레이건과 월터 먼데일의 일화이다. 연임을 노리던 공화당의 레이건 대통령에게 민주당의 젊은 후보 먼데일이 도전장을 내밀었다. 당시 레이건의 나이는 74세, 먼데일은 56세였다. 그 때문에 대중매체와 여론조사에서는 레이건의 건강을 걱정하는 목소리가 높았다.

두 사람이 텔레비전 토론회에서 만났을 때다. 사회자는 1962년 쿠바 미사일 위기를 언급하며 대선 최대의 화두 중 하나인 레이건의 나이를 토론의 주제로 던졌다.

"이미 최고령 대통령인 당신에게 케네디와 같은 체력을 기대해도 됩니까?"

이것은 레이건의 아킬레스건을 건드리는 질문이었다. 하지만 레이건은 동요하지 않고 차분하게 한마디를 던지며 단번에 상황을 역전시켰다.

"나는 상대 후보의 젊음과 미숙함을 굳이 들춰내 정치적 목적을 달성하기 위해 사용하지 않을 생각입니다."

토론회장은 웃음바다가 되었다. 질문을 던진 사회자는 물론이고 상대인 먼데일조차도 웃지 않을 수 없었다. 이후 레이건의 나이 문제는 더 이상 거론되지 않았다. 레이건은 '나는 이 14단어 문장으로 대통령 당선을 확실하게 못 박았다.'고 회상했다.

우리는 말 한마디에 마음을 열거나 마음의 문을 닫는다. 어떻게 열어야 하나? 뜻은 옳게, 말은 재치 있게. 가장 나쁜 말은 의도가 불순한 말이고, 그 다음은 아무런 전략도 없는 지루한 말이다.

06

이익과 가치를
말하라

스티브 잡스는 뛰어난 스피커다. 신제품 발표회에서 그의 프레젠 테이션을 들은 사람들은 애플의 '광팬'이 되었다. 그는 무대에서 마 이크로 칩, 회로기관, 운영체계, 하드웨어, 많게는 판매 경험까지 나눴다. 그러나 그가 프레젠테이션에서 홍보한 것은 애플의 기술이 아니라 고객에게 선사할 서비스였다. 잡스는 32기가바이트의 아이 팟을 소개할 때 아이팟에 반영된 '놀라운 기술'을 소개하는 데 열중 하지 않고 대신 아이팟이 삶의 질을 얼마나 높일지에 집중했다.

이를 위해 그가 꺼내든 것은 숫자였다. 그의 표현에 따르면 아이팟에는 7,500곡의 노래, 2만 5,000장의 사진, 75시간에 달하는 동영상을 저장할 수 있다. 저장용량이 얼마인지보다 내가 듣고 싶어 하는 노래가 총 몇 곡까지 저장될 수 있는지가 더 중요한 법이 아닌가?

청중은 자신의 라이프스타일이 달라지는 모습을 머릿속으로 그렸고, 그래서 스티브 잡스의 아이팟에 열광했다. 그는 말했다.

"우리는 제품을 팔러오지 않았습니다. 사실 우리가 하는 일은 여러분에게 서비스하는 것입니다. 애플의 제품은 여러분의 삶을 더 좋게 바꿀 것입니다."

잡스는 공유할 만한 가치가 있는 것만을 프레젠테이션 자리에 올린다는 철학을 갖고 있었다. 자신에게 이익이 되는 이야기에 사람들은 귀를 기울인다는 사실도 잘 알고 있었다. 얼마나 많은 가치를 제공할 수 있느냐가 설득에서 높은 비중을 차지한다. 이를 간결하게 표현하는 능력이야말로 언어자본이 된다.

카네기는 뉴욕에서 강연회를 열 때 호텔의 대형 홀을 빌려 쓰곤 했다. 어느 날 호텔 측이 대형 홀을 계속 이용하려면 기존 비용의 세 배를 내라고 통보해왔다. 갑작스러운 인상에 속이 타들어 가던 그는 갑은 호텔에서 일하는 친구에게 어떻게 된 일인지 알아봐달라고 부탁했다. 사연인즉, 호텔 사장이 돈을 더 벌기 위해 무도회를 여는 사람에게 대형 홀을 빌려줄 계획이었다. 카네기는 곧바로 호텔 사장을 찾아가 따지는 대신 차분하게 말했다.

"제가 사장님이라도 같은 결정을 내렸을 거예요. 왜 무도회를 여는 사람에게 홀을 빌려주시려고 하는지 압니다. 그 사람에게 빌려주면 단번에 목돈을 벌 수 있으니까 그런 것이죠? 그래서 제게 빌려주는 것이 상대적으로 손해 보는 것처럼 느껴지시는 거죠?"

사장은 카네기를 만나기 전, 핑계거리를 준비해놓고 있었다. 그런데 뜻밖에 카네기가 따지기는커녕 그의 입장을 이해하자 경계심을 풀었다. 사장의 표정이 풀어지는 것을 보고 카네기가 말을 이었다.

"그런데 말입니다, 다른 분에게 홀을 빌려주시면 오히려 수입이 줄어들 거란 생각은 안 해보셨나요?"

사장이 눈을 동그랗게 떴다.

"아니, 그게 무슨 말입니까?"

카네기는 차분한 표정 그대로 말을 이었다.

"이유는 간단해요. 전 강연하는 사람이라서 이곳이 안 되면 반드시 다른 곳에서 또 강연할 거예요. 그런데 그거 아세요? 제 강연에는 수

천 명의 교양 있고 의식 있는 상류층 인사가 많이 참석해요. 그 사람들이 이 호텔에 와서 제 강연을 들으면 호텔을 공짜로 광고하는 효과가 있어요. 아마 신문에 광고를 내도 이보다 더 좋은 효과를 얻기 어려울 거예요. 물론 이 공짜 효과는 모두 제 강연회 덕에 생기는 거죠. 홀을 제게 빌려주는 게 이득인지 손해인지 잘 계산해보시기 바랍니다."

곰곰히 생각하던 호텔 사장은 카네기 말이 일리 있다고 생각하고 홀 대여 문제를 원래대로 돌려놓았다.

우리는 매일 매 순간 보이게, 혹은 보이지 않게 상대를 설득하면서 살아간다. 어떤 일은 몇 년 걸리거나 혹은 몇 달, 며칠이 걸린다. 간단한 일에서부터 무게 있는 일까지 설득이 삶의 중심을 차지하고 있다. 그러나 그만큼 힘든 일이 설득이다. 위에 든 사례처럼 단지 몇 마디 말로 내 뜻대로 세상이 움직인다면 그보다 좋을 수는 없겠다. 그러나 어렵기 때문에 이들의 사례가 더 돋보이는 것이다. 잡스와 카네기처럼 하려면 우리도 그들의 방법을 조금은 응용해 볼 필요가 있다. 어떻게? 타인의 이익을 먼저 찾고, 그 다음에 나의 이익을 생각하자.

07

설득의 비결,
친해지기

　미국의 경제학자 데이비드 매클로스키(David McCloskey)는 미국 국민총생산의 26%가 설득과 연관 있다고 발표했다. 그는 직업별로 근로시간에 어느 정도의 시간을 설득에 사용하는지 가정했다. 종교인, 법조인, 영업인, 영화감독 등은 100%, 기자, 상담가 75%, 경찰, 사회과학자 50%, 자연과학자 25% 순으로 시간을 설득에 사용한다고 했을 경우 이를 당시 미국의 총 근로시간인 1억 1,000만 년에 적용하여 설득의 경제적 효과를 산출했다. 이와 같은 계산으로 이러한

가장 인간적인
4가지 도구의 힘

수치가 나왔다는 것이다.

그러나 설득이 차지하는 경제적 비중이 크다고 하지만 설득만큼 어려운 일도 없다.

"세상에서 가장 어려운 일은 상대방의 마음을 얻어 내 편으로 만드는 것."

이 말의 출처는 뜻밖에도 생텍쥐페리의 소설 〈어린 왕자〉다. 설득은 돈을 떠나서도 그만큼 힘든 일인 까닭일 것이고, 또 비즈니스뿐 아니라 일상에서도 그만큼 설득이 필요한 일이기 때문일 것이다.

동양에서도 '설득'과 관련하여 자주 인용되는 책이 있다. 전국시대의 유명한 법가 사상가의 이름이 그대로 제목화한 〈한비자〉라는 책이다. 이 책의 '세난편(說難篇)'은 유세의 어려움에 대해서 논한 글이다. '유세(遊說)'란 책사가 제후에게 자기의 의견을 들려주어 채택되는 일을 말한다. 선거 유세와 비슷하게 보면 큰 차이가 없는 말이다. 한비자는 말한다.

"무릇 유세의 어려움이란 나의 지식으로 상대방을 설득하기 어렵다는 것이 아니고, 나의 변설로써 뜻을 밝히기 어렵다는 것도 아니며, 내가 하고 싶은 말을 자유자재로 다 말하기 어렵다는 것도 아니다."

무슨 말인가? 내 지식이나 말재주만으로 안 되는 게 유세라는 말이다.

"대저 유세의 어려움이란 상대방의 심정을 통찰하여 그가 바라는 것에 맞추어 납득시키는 데 있다."

무엇이 어렵다는 말인가? 상대방의 마음을 살펴서 그의 욕망에 맞게 납득시키기가 어렵다는 말이다.

그렇다면 한비자는 그에 대한 해답으로 무엇을 제시할까? 친해짐이다. 즉 친해지기 전에는 내 의견이 아무리 뛰어나더라도 결코 자기 의견을 발설하면 안 된다는 얘기다. 친해짐은 강연 현장에서 '아이스 브레이킹'이라는 표현으로 달라진다. 같은 말이라도 친구 사이에 용인되는 말이 있고, 친하지 않으면 결코 할 수 없는 말도 있다.

설득의 대가로 불리는 제너럴종합물류(GL)의 오세강 회장은 우즈베키스탄의 자동차제조업체인 사마르칸트오토의 자재와 자동차를 운송하는 장기물류계약을 따내야 하는 상황이었다. 이 계약을 따내기 위해 사마르칸트로 출장을 갔지만 이 회사는 일본 업체와 합작관계에 있던 터라 장기계약을 맺기 어려운 상황이었다. 오 회장이 공장 2층 회의실에서 40분쯤 기다리자 가니예프 부사장이 나타났다. 그러나 그는 방어적인 자세를 보이며 오 회장에게 왜 왔느냐고 물었다.

오 회장은 즉각적인 대답을 피하고 날씨로 화제를 돌리면서 공장이 깨끗하다고 칭찬했다. 그는 결코 먼저 비즈니스 얘기를 꺼내지 않았다. 상대가 경계심을 풀 때까지 주변의 소소한 얘기부터 꺼냈다. 하지만 가니예프 부사장은 마음의 문을 쉽게 열어주지 않았다. 오 회장은 기다렸다. 대신 사마르칸트의 역사적 영웅 티무르에 대해서 이야기를 나누었고, 다행히 저녁식사를 약속받았다.

저녁 시간, 그는 식사를 하는 동안에도 비즈니스 이야기는 한마디도 꺼내지 않았다. 대신 그동안 공부한 우즈베키스탄 역사에 대해 질문하거나 상대의 말에 귀를 기울였다. 삼국시대엔 우즈베키스탄과 신라가 서로 친밀하게 교역을 했다는 말이 나올 무렵 가니예프 부사장은 느닷없이 '물류계약을 맺으면 단가 책정을 어떻게 하면 좋겠느냐'고 제안해왔다. 오 회장은 흥분하지 않고 '최선을 다할 테니 믿어주시기 바랍니다.'라고 짧게 답했다. 사마르칸트오토와의 계약 성공을 시작으로 오 회장은 '신실크로드'를 개척했고 중앙아시아 국가들의 경제력이 늘어나자 중국을 통과하는 TCR(Trans China Railway)을 발굴했다.

지인인 P 대표는 주변에서 사업계획서를 가져오면 일단 상대와 밥 먹고 술부터 마신다고 한다. 그 사람을 알기 전에는 모든 것이 필요

없다고 여긴다. 협업에서 가장 중요한 것은 '인성'이라는 생각 때문이다. P 대표 입장에서는 머리 좋은 사람은 세상에 많다. 그러나 나와 코드가 맞는 사람은 적다. 이를 가리기 위해 그를 듣는다. 귀 기울여 들은 결과, 그가 마음에 들어야 진지하게 묻는다.

"그래, 하고자 하는 사업기획이 뭡니까?"

우리는 많이 설명하면 계약이 성사될 것이라고 착각한다. 하지만 사람에게 호감을 가져야 일도 시작할 수 있다. 일을 시작하고 싶게 만드는 것이 상대에 대한 호감이다. 그런 호감은 말로부터 빚어진다. 부정적이거나 짜증나는 사람과는 굳이 일할 필요성을 느끼지 않는다. 세상에는 일할 사람은 많고 손잡을 사람도 넘친다. 굳이 이 사람이어야 할 이유도 없다.

가장 인간적인
4가지 도구의 힘

08

거리를 없애는
감성적 언어

언어에는 두 종류가 있다. 데이터나 수치, 논리 등을 활용한 이성
적 언어와, 정서와 연관된 감성적 언어다. 이 둘은 서로 다른 목적으
로 사용되는데 대개 이성적 언어는 차가운 현실 분석이나 일정한 거
리 두기, 즉 객관화를 위해 쓰이며, 감성적 언어는 반대로 차가운 현실
에 피를 돌게 하거나 너무 멀리 떨어진 거리를 단번에 좁힐 때 쓰인다.
그런데 묘하게도 이 둘을 잘 섞어서 쓰는 사람들이 있다. 그 본질이 되
는 논리적 근거는 탄탄한데 그 옷이 되는 감성적 언어는 친근하다. 이

둘이 잘 어우러졌을 때 좋은 말하기가 된다. 특히 뛰어난 통찰에 바탕을 둔 효과적인 언어는 대개 감성적 언어를 어떻게 쓸 것인가와 연관이 있다.

제프 베조스 아마존닷컴 회장의 말이 좋은 예다. 그는 어느 연단에서 이렇게 말했다.

"10년 후 어떤 변화가 있겠느냐는 질문을 많이 받는다. 구태의연한 질문이다. 10년이 지나도 바뀌지 않을 게 무엇이냐는 질문은 왜 하지 않나. 이것이 더 중요한 문제인데 말이다. 예측 가능한 정보를 바탕으로 사업 전략을 세우는 일이 더 쉽다. 사람들은 싼 가격과 빠른 배송, 다양한 상품을 원한다. 10년이 지나도 이는 변하지 않는다. 변하지 않는 전제에 집중해야 헛고생을 하지 않는다. 시간이 흘러도 변하지 않는 것이 무엇인지 안다면 그런 곳에 돈과 시간을 할애하는 것이 좋지 않을까."

이 이야기의 바탕에는 아마존이라는 근래 들어 가장 성공한 회사 가운데 한 곳이 있으며, 그리고 이를 만든 아마존 회장의 통찰력 일부가 담겨 있다. 그는 굳이 데이터나 논리를 활용하지 않는다. 그저 간단한 몇 마디 말로 진짜 중요한 게 뭔지 보여준다. 그 말이 우리에게 다가올 때 아무런 거리감을 느낄 수 없다. 그래서 통찰력 있는 말은 가슴으로 훅 다가온다.

1959년부터 1990년까지 싱가포르공화국의 총리직을 수행한 사람이 있다. 리콴유다. 그가 싱가포르를 일류국가로 만든 주역이라고 평가하는 데 반대의견을 표출하는 사람은 아직 본 적이 없다. 리콴유가 독립 조국 싱가포르의 수장이 되기 전까지 이 작은 도시 국가는 인구도 적고, 영토도 협소하고, 천연자원도 부족한 최악의 환경에 놓여 있었다. 이 나라가 가진 것이라곤 생활고에 찌들어 살던 국민 밖에 없었다. 그러나 리콴유의 눈에 그들은 '못 먹고 못 입는 국민, 돌봐주어야 할 국민'이 아니라 '강인한 노동윤리를 가진 국민'이었다.

그와 동시에 리콴유는 해외 기업을 설득할 만큼 뛰어난 통찰력을 가진 리더였다. 특히 통치 초기에 그는 해외 기업들을 대상으로 싱가포르에 투자할 만한 매력적인 논거를 잘 제시했다. 사실과 정보를 이용하는 능력이 우수했다. 특히 2005년, 82세의 나이에 뉴델리에서 '아시아의 르네상스'라는 주제로 연설할 때도 풍부한 사실과 데이터를 제시했다. 그러나 단순 데이터 나열이 아니었다. 그는 감성적 언어의 옷을 입혀서 자신의 느낌을 전달하는 데 공을 들였다.

"저는 파이를 나눠주기 전에 먼저 파이를 구워야 한다는 점을 깨달

있습니다. …(중략)… 제3세계 대부분이 서양의 다국적기업에 의한 착취를 의심하고 있을 때 싱가포르는 그들을 불러들었습니다. 그들은 우리의 성장을 도왔고 기술과 노하우를 들여왔으며 다른 어떤 전략보다도 더 빠르게 생산성을 향상시켰습니다."

파이를 키우는 건 둘째 문제고, 파이를 굽는 데서 모든 걸 시작해야 했다는 그의 말은, 독립국 싱가포르가 처했던 급박한 사정을 잘 담고 있다. 리콴유의 이런 현실 인식 앞에서 과연 누가 '싱가포르는 여전히 태형이 남아 있는 인권 후진국'이라고 말할 수 있겠는가.

호세 무히카 전 우루과이 태통령은 세계에서 가장 가난한 대통령으로 알려져 있다. 대통령 시절 급여 대부분은 사회복지 프로그램 등에 기부하고 대통령 관저 대신 교외의 소박한 집에서 살았다. 개인 재산은 약 180만 원 상당의 1987년형 폭스바겐 비틀뿐이었고 비행기를 탈 때도 이코노미 클래스만 고집했다고 한다.

그가 세계적으로 유명해진 계기가 있다. 2012년 6월 20일 열린 '리우+20(유엔 지속 가능 발전 정상 회의)'에서의 연설이었다. 그 자리에 모인 각국 정상은 하나같이 지구 환경의 미래에 대해 언급했지만 대부분의 연설은 형식적이었고 사람들의 마음을 움직이지 못했다. 그런데 이런 분위기에서 마지막 연설을 위해 연단 위에 오른 무히카는 이렇게 말했다.

"질문이 하나 있습니다. 독일의 각 가정에서 자동차를 보유한 만큼 인도에서도 자동차를 보유한다면 과연 지구에는 어떤 일이 일어날까요? 그렇게 된다면 우리가 숨을 쉬기 위해 사용할 수 있는 산소는 얼마나 남을까요? 전 세계 70억에서 80억 인구 모두가 부유한 서구 국가들과 동등한 수준으로 소비하고 낭비할 수 있는 물질적 자원이 과연 이 지구에 남아 있긴 할까요? 이게 가능한 일입니까? 아니면 다른 논의가 필요할까요? 우리는 왜 이런 사회를 만들어 버렸을까요?"

팩트와 통찰을 전달하는 남다른 비결은 이야기의 사이즈를 인간 마음의 크기로 조절하는 데 있는 것 같다. 예컨대 〈지구가 100명의 마을이라면〉이라는 책처럼 초등학생 수준이 받아들일 만한 사이즈로 배율을 바꾸는 것이다. 이 책을 보면 100명 가운데 12명은 비만이고, 20명은 영양실조라고 한다. 이처럼 우리가 체감할 수 있는 크기나 양으로 바꾸면 거리감을 없애는 좋은 소통이 된다.

'통력'을 강조하는 최정화 통역사는 국제회의에서 2천 회가량 통역을 맡아왔다. 국제무대에서의 말 한마디는 매우 조심스럽다. 불과 얼마 전 '불가역적 비핵화'라는 표현을 놓고 얼마나 많은 매체에서 그

의미를 해석하려고 노력했는가. 그래서 아무리 언변이 뛰어난 사람이라도 여러 차례 수정과 연습 과정을 거치게 된다. 그녀는 특히 달변가들 옆에서 지켜본 소감을 이렇게 말한다.

"말로써 타인을 움직이는 이들은 하나같이 통력(通力)을 갖추었다."

이때 통력이란 상대와 교감하는 힘이다. 단순히 유려한 표현이나 현란한 어휘력으로 상대를 질리게 하는 것이 아니라 체감의 크기와 양을 조절하는 정서적 언어 사용에 능해야 한다는 말이다.

09

불편한 진실을,
불편하지 않게 말하기

찰스 디킨스는 빅토리아 시대, 최고 인기를 끈 영국의 소설가로 알
려져 있다. 그러나 잘 알려지지 않은 사실이 하나 있는데 그의 소설
못지않게 연설문 또한 훌륭했다는 점이다. 그는 자신의 모든 연설문
이 하나의 이야기처럼 들리도록 철저한 노력을 기울였다. 연설은 한
편의 연극같이 드라마틱하여 청중은 그의 연설에 넋을 잃을 정도였
다. 그가 런던 슬럼가의 이야기를 하면 사람들은 눈물 흘렸고 공장
주인이나 정치인을 묘사할 때면 청중은 박장대소하며 들었다.

그가 연설문에 그토록 심혈을 기울인 이유는 무엇이었을까? 이것은 그의 정체성과 연관된 문제다. 그는 소설가이기 전에 런던 빈민층들에 대한 처지 개선에 앞장 선 사회운동가였다.

그에게 글이란 사회문제와 해결책을 짚어내는 수단이었다. 그는 끊임없이 빅토리아 시대 사회의 역기능과 빈곤에 대해 비판했다.

찰스 디킨스의 대표작 〈올리버 트위스트〉 역시 빈곤과 범죄에 대한 생생한 이야기를 담고 있으며, 당시 이 작품은 영국인들에게 큰 충격을 안겨주었다. 나아가 그의 작품은, 그 소설의 배경이었던 런던의 슬럼가를 정비하는 발단을 마련하는 데 기여했다. 이뿐이 아니다. 〈피크 위크 클럽의 기록〉과 〈리틀 도리트〉는 수많은 런던 감옥의 폐쇄에 결정적인 계기를 만들었다.

불편한 진실이 있다. 일부러 감추려는 건 아니지만 공개석상에서 꺼내기에는 꺼림칙한 진실들이 있다. 이 진실에 대해서 '불편하지 않게' 건드릴 수 있을 때 사람들의 반응을 이끌어낼 수 있다.

미국의 〈래리 킹 라이브〉는 MC 래리 킹과 게스트들이 대화를 나누는 시사 토크 쇼다. 네모난 뿔테 안경과 멜빵이 상징인 그는 항상 면담자 쪽으로 몸을 기울이고 눈을 맞춘다. 그리고 게스트에게서 '들을 만한' 이야깃거리를 끄집어내기 시작한다.

그가 게스트를 대하는 태도는 윌 로저스의 명언에서 그 힌트를 찾을 수 있다.

"사람들은 모두 무지하다. 다만 그 무지한 분야가 서로 다를 뿐이다."

그러나 래리 킹은 이 말을 약간 틀어서 받아들인다. 무지한 분야가 다르다는 말은 누군가는 그 분야에 지식을 갖고 있다는 말이요, 따라서 사람들은 모두 '상대적인' 전문가라는 말이 된다. 사람들은 누구나 자신이 잘 이야기할 수 있는 분야가 있고 그것에 관해 대화하길 원한다는 것을 래리 킹은 안다. 이렇게 생각하게 되면 래리는 이제 자신이 그 사람에게 물어야 할 게 무엇인지 보이기 시작한다. 나는 모르고, 그는 안다. 이처럼 자신의 무지를 인정하고 시작한다. 그렇기에 그의 인터뷰는 편안한 분위기 속에서 이루어진다.

래리 킹은 대학 교육을 받지 못했고 외모도 출중하지 않았다. 하지만 누구보다 진실한 화술을 이끌어내는 데 능했다. 다른 공적인 매체에서는 들을 수 없었던 게스트들의 감춰진 마음이 〈래리 킹 쇼〉에서는 일상적인 콘텐츠였다.

래리 킹도 물론 해당 주제를 열심히 공부한다. 그러나 내가 아는 범위가 상대보다 작을 수 있다는 점을 안다. 내가 바라보는 관점과 상대가 바라보는 관점이 다름을 안다. 그런 걸 인정하고 대화를 시작하니까 래리 킹의 태도는 전혀 공격적이지 않고, 때로는 배움의 자세처럼 보이기도 해고 대개는 편안한 분위기로 나타난다.

그런 자리에 있다면 조심하라. 당신도 계획에 없던 속마음을 술술 털어놓을 수 있기 때문이다.

어느 자리에서 유독 진실해지는 경우를 만난다. 이것은 어느 한 사람이 진실해지기 시작하면 자연스럽게 분위기가 그렇게 흐르기 때문이다. 한 사람이 쉽게 말하지 못할 마음의 밑바닥을 드러내 보이면 다른 사람도 마음의 문을 열게 된다. 솔직함은 시간을 아깝지 않게 만든다. 오래 만나야 그럴 수 있는 것은 아니다.

노무현 전 대통령은 말과 떼려야 뗄 수 없는 사람이다. "강물은 바다를 포기하지 않습니다."라는 그의 말은 일관된 그의 태도를 담고 있는 표현 가운데 극히 일부다. 그때 한나라당과 언론에서 장인의 좌익 전력 시비를 건드리자 "이런 아내를 버려야겠습니까? 그러면 대통령 자격 생깁니까?"라는 말로 정면 돌파를 시도했다. 그는 그때까지 대한민국의 정치계에서 일상적으로 쓰이던 문법을 파괴했다. 새 술은 새 부대에 담아야 하는 것처럼, 새로운 정치바람은 새로운 언어가 필요했다고 생각했을지도 모른다.

"기분 나쁜 대통령의 시대는 제가 끝내겠습니다. 군림하는 대통령의 시대는 제가 끝내겠습니다."

다른 건 몰라도 최소한 그의 언어는 기존 정치권에서는 불편해하는 내용으로 가득하다는 것은 사실이다.

노무현 전 대통령이 2004년 푸틴 당시 러시아 대통령과 정상회담을 가진 적이 있다. 이틀에 걸쳐 6시간이나 대화가 지속되었다. 일반적인 정상회담은 2시간을 넘지 않는다. 이처럼 긴 대화를 한 데는 정치적인 면도 있었지만 노무현 대통령의 러시아 문학에 대한 조예가 드러난 것이라고 한다. 막심 고리끼의 〈어머니〉와 숄로호프의 〈고요한 돈강〉을 감명 깊게 읽은 까닭이리라. 두 정상은 문학을 주제로 대화를 나누었다. 보좌진이 사전에 준비한 내용이 아니었다. 대통령의 인문학적 콘텐츠가 푸틴 대통령의 마음을 움직였다. 그는 정략적 판단이 아니라 늘 일상에서 보고 느낀 것을 토대로 사람들을 만났다. 그러니 말이 자연스럽고, 꾸밈이 없으며, 불편하지 않다.

말하기 실력은 어떻게 키우는 것일까? 내가 일상에서 경험하고, 느끼는 것에 답이 있다.

미국 최초로 노벨 문학상을 받은 싱클레어 루이스(Sinclair Lewis)는 하버드 대학교에서 글쓰기에 관한 강연 요청을 받고 술 취한 상태로 갔다. 연단에 올라가 학생들에게 외쳤다.

"작가가 되고 싶은 학생들은 손을 들어보시오!"

모두가 손을 들었다. 그러자 그가 말했다.

"그럼 얼른 집에 가서 글을 쓸 것이지 왜 여기들 있나?"

말을 마친 싱클레어 루이스는 강연장을 가장 먼저 빠져나갔다.

· 쓰기의 장 ·

만인은
글 앞에
평등하다

01

자판기 커피 같은
가짜 힐링에서 벗어나는 법

'도시'의 다른 이름은 '너무 많이'다. 고르기 힘들 만큼 너무나 많은 진열 상품, 가려듣기 힘들 만큼 너무 많은 정보, 배고픔을 느끼기 힘들 만큼 너무 많은 맛집, 잠 잘 시간도 부족할 만큼 너무 많은 핸드폰의 액정 불빛…… 그 '너무 많이'가 우리 도시를 지배한다.

'너무 많이'에 지친 사람들은 그래서 무조건 쉬고 보자고 마음먹고 도심을 벗어나거나 빛을 차단하는 커튼을 치고 낮을 밤처럼 보낸다. 그러나 휴식 다음날의 아침에도 여전히 피로감은 덜 씻겨 있다. 그런

154

휴식에 지쳐갈 때 이제 우리는 힐링법을 찾는다. 21세기답게 마트에서 물건 고르듯 힐링법을 돈 주고 산다. 그런 이유일까. 우리의 힐링은 자판기 커피 같은 힐링이 된다. 비용을 치르고, 잠시 맛보는 달달한 설탕 같은 힐링이다. 그건 '힐링'이라는 이름만 붙어 있는 가짜 힐링이다.

보다 근본적인 힐링이 필요하다. 삶을 재정비할 수 있고, 나아가 한 걸음 떨어져서 내 삶을 돌아보는 생산적인 힐링이 필요하다.

그 지점에서 우리는 글쓰기를 만난다.

글을 쓰면, 객관성이 높아지고 놓치고 살았던 것들에 눈 뜨게 된다. 경쟁과 속도 때문에, 너무 많은 즐길거리 때문에 지나칠 수밖에 없었던 것들을 다시 들여다보게 하는 힘이, 글쓰기에 있다. 감각적 일상을 잠시 차단하는 일회성 힐링과는 근본적으로 다른 길이 펼쳐진다. 그래서 글쓰기는 힐링이자 성찰이 된다. 회피적 휴식이 아니라 인생의 흐름을 다르게 만드는 진짜 쉼표가 된다. 그렇게 나의 좌표가 움직인다. 나의 좌표가 달라졌으므로 세상도 달라져 보인다.

〈일일일책(一日一冊)〉의 저자 장인옥은 서른아홉 살 생일을 맞아 '더는 이렇게 살 수 없다.'고 생각했다. 결혼 13년 차였던 그녀는 사는 게 지옥이었다. 남편은 IMF 후 경기 침체로 직장을 잃고 말을 잃었다. 두문불출 소파에 앉아 창밖만 바라봤다. 생계를 책임져야 했던 그녀는 닥치는 대로 일을 시작했다. 책을 팔았고, 마트·백화점에서 아르바이트를 했다. 집에 가면 집안일들이 기다리고 있었다. 사는 게 끔찍했다. 결혼을 후회했다.

하루는 인터넷을 돌아다니다 책 광고를 접했다. '독서가 삶을 바꾼다.'는 카페였다. 주문을 했고 도착한 책을 단숨에 읽었다. 알 수 없는 분노로부터 잠시 거리를 두게 되자 삶을 바꾸어야 한다는 생각이 들었다.

'지금껏 인생이 이 모양이었던 건 내가 무엇 하나 제대로 하지 않아서가 아닐까. 이제라도 뭔가 독하게 시작해야 하지 않을까. 하다못해 책이라도 열심히 읽어야 하는 것 아닌가?'

그날부터 매일 책을 한 권씩 읽어치웠다.

서른아홉 살에 처음 시작한 독서였기에 책이 제대로 읽히지 않았다. 새벽 4시에 일어나 100페이지씩 읽고 출근했고 차 안에서, 점심시간에, 쉬는 시간에 읽었다. 이렇게 3년을 보내고 나니 독서 일기가 모아졌다.

어느 날 책을 쓰고 싶어졌다. 그래서 글을 쓰기 시작했다. 새벽부터 떠오르는 것을 메모해 놓았다가 밤에 컴퓨터 앞에 앉아서 정리하며 썼다. 글을 쓰는 내내 그녀는 많이도 울었다. 자신이 너무 가여워서 울었고, 다른 세상이 있다는 걸 알면서 또 울었다. 그렇게 다 울고 난 뒤에는 누구를 원망하는 마음이 사라졌다. 마음이 풀리고, 앙금이 사라졌다.

많은 학자들은 내면의 부정적인 에너지가 밖으로 표출되면 면역력이 향상된다는 연구 결과를 발표하고 있다. 미국 텍사스 대학 심리학과 교수인 제임스 W. 페니베이커 박사는 글쓰기와 건강의 관계 연구에서 세계적으로 인정받는 전문가이다. 그는 1980년대 후반, 성폭행 피해를 당한 여성들을 만나서 글쓰기가 정신건강에 어떤 영향을 주는지 조사했다. 조사 결과 지원자들의 병원 방문 횟수가 43% 줄어들었음을 알게 되었다. 마음속 깊은 곳에 뿌리박혀 있는 나쁜 기억이나 부정적 감정을 글쓰기로 표출하자 비로소 세상을 볼 수 있는 용기와 힘을 얻게 되었기 때문이다.

글을 쓰면 내가 인생을 어떻게 바라보고 있는지 알게 된다. 자기 느낌에 눈을 뜨게 되는 것도 글쓰기를 통해서다. 특정 기억에 사로잡혀 다른 시선을 갖지 못했던 우리가 특정 감정으로부터 한 걸음 떨어져 차분한 시선을 얻게 된다. 그 시선으로 내면을 바라보는 과정이 우리 인생에 '잠깐 멈춤'이 된다. 욕망을 따라 춤추던 마음, 빛을 따라 움직이던 감각, 상처를 따라 요동치던 감정이 잠시 멈추고 비로소 풍경이 열린다.

속도를 제어할 수 없을 만큼 바쁘다면 분명 문제가 있다. 무엇을 위해 사는지, 왜 사는지, 어디로 가고 있는지 자칫 의미부여를 놓칠 수 있다. 나 역시 정신없이 바쁠 때는 의도적으로 잠깐 멈추고 생각 정리 시간을 가진다. 쓰기가 처음부터 힐링이지는 않았다. 쓰기에 시간을 투자하며 연습하다 보니 왜 글쓰기를 힐링이라고 부르는지 알게 되었다.

글쓰기를 통해 쉼표를 찍을 만큼 무르익으면 그때 다음 시처럼 우리는 뭔가를 바라보는 시선에 달라짐을 느끼게 된다. 시인 박순원은 〈아라비안나이트〉라는 시에서 접속부사 '그런데'를 발견한다.

'나는 그런데가 좋다 그리고도 그렇고 그러나도 그저 그렇고 그러므로는 딱 질색이다 그런데 그런데야말로 정겹고 반갑다 누가 손가락으로 나를 딱 짚으며 이렇게 묻는다 그런데 너는? 나는 이렇게 대답한다 그야 나야 물론 그런데 순딩이 같은 그리고는 개성이 없다 그러나는 까칠하다 그러므로는 고지식하다 그러니까는 촌스럽다 특히 끝의 두 글자 니까가 마음에 안 든다 그런데는 두루뭉술하면서도 날렵하게 빠져 다닌다 그랜저 같다 그런데와 함께라면 어디든 갈 수 있다 그런데 말이지 천연덕스럽게 자기가 가고 싶은 쪽으로 말머리를 돌린다 그러므로로서는 상상도 할 수 없는 일이다 나는 어떤 이야기 속에서 천 개가 넘는 그런데를 본 적이 있다 안 가본 데가 없고 황홀하기 그지없었다 그런데는 아주 짧게 짜증도 낼 수 있다 그런데?'

02

만인은
글 앞에 평등하다

〈삐딱한 글쓰기〉의 안건모 저자는 20년 동안 시내버스를 운전했다. 그는 글이란 공부를 많이 한 사람만 써야 하고, 맞춤법이나 띄어쓰기 같은 문법을 알아야 쓴다고 생각했다. 그러다 하루는 월간 〈작은 책〉을 보고 만인은 글 앞에 평등함을 깨닫는다.

'아! 나 같은 사람도 글을 쓸 수 있구나.'

그리하여 자신의 일터, 버스 운전 이야기를 글로 쓰기 시작한다. 처음부터 글쓰기가 쉬운 건 아니었다. 생각한 것들을 글로 잘 표현하고 싶었지만 글쓰기를 배운 적이 없어 처음에는 쉽지 않았다.

하지만 그는 정말 쓰고 싶었다. 갈증이 커지던 어느 날부터 더 많이 쓰게 되고 책을 구입하여 읽게 된다. 글쓰기에 관한 책만 오백여 권을 읽고 모임에 참여하면서 세상 바라보는 눈을 키운다. 그는 돈과 힘을 가진 자들이 글로 세상을 지배한다는 것을 문득 느낀다. 세상이 한쪽으로 삐딱하게 기울어진 채 돌아간다는 것을 깨우친다. 이때부터 사업주, 관리자들이 노동자들을 탄압하는 모습에 대해 고발하거나 그들을 마음껏 비꼬는 통쾌한 글쓰기를 시작한다. 그는 글을 쓰면서 노동하는 사람들이 세상의 주인이라는 사실을 인정하게 되고 누구나 글을 써야 한다고 생각하게 되었다.

비문학이 좋은 점 하나를 들라면 누구나 쓸 수 있다는 것이다. 진입장벽이 낮다. 문학은 1%의 천재성을 요구하지만 비문학의 경우, 누구나 자신만의 경험과 솔루션이 있으면 쓸 수 있다. 따라서 전문작가도 따로 없다. 오히려 실용적인 분야에 오래 몸담고 있던 사람만이 쓸 수 있는 이야기가 따로 있다. 10년 이상 한 분야를 경험하며 전문가 수준의 지식을 획득한 사람이라면 한마디쯤 할 수 있는 이야깃거리가 있게 마련이다. 인생이든, 육아든, 일이든, 여행이든, 학습이든, 자기계발이든 녹여낼 수 있다. 먼저 경험해 본 사람들의 이야기를 듣고 싶어 하는 사람들은 늘 있기 마련이다.

글쓰기가 어렵게 느껴진다면 SNS 글쓰기부터 시작해 보는 것도 좋다. 글쓰기란 본질 측면에서 다를 게 없다. 그저 도구만 차이가 있을 뿐, '공유'라는 관점에서는 크게 다르지 않기 때문이다. 공유할 만한 가치만 있다면 누구나 글쓰기를 시작할 수 있다.

실제로 전문작가를 꿈꾸지 않더라도 SNS에 소소한 글을 올리는 지인이 늘어나고 있다. 식사를 하더라도 예쁘게 사진 찍어 올리고 글도 덧붙인다. 각자의 관심사는 해당 글의 콘셉트가 된다. 인테리어에 관심 많은 사람은 인테리어를 주제로 쓴 글이 많고, 푸드 플레이팅이 좋은 사람은 플레이팅 글을 쓴다. 여행 좋아하는 젊은이들도 글에 관심이 많다. 그들의 소소한 여행기는 사진과 어우러지면서 훌륭한 한 권의 책이 될 준비를 한다. 서점 에세이 코너에 즐비하게 진열된 여행 작가들의 책도 다 이런 식으로 탄생한다. 다만 그들의 놀이에는 콘셉트가 있다. 처음에는 없을지 몰라도 누적된 놀이의 기록을 따라가다 보면 일관성이 발견된다. 그 일관성을 의식하고 그에 맞게 사진과 글을 배열할 수 있다면 이미 예비 작가인 셈이다.

SNS을 통한 소통에 활발한 남궁인 의사는 사람들이 자신의 이야기에 관심을 가져 주는 것이 좋다. 그는 응급실 이야기를 글로 기록

가장 인간적인
4가지 도구의 힘

하고 있다. 〈지독한 하루〉의 저자이기도 한 남궁인은 응급의학과 전문의다. 응급실에서 겪은 이야기들을 모아 두 권의 책을 펴냈는 데, 그의 글에는 '죽음'에 대한 이야기들이 자주 나온다. 그는 복잡한 감정들을 글쓰기로 해소하고 있다. 가끔 안타까운 사연의 환자들을 만나기도 한다.

그는 의료계 현실이나 의학적 이슈에 대해서도 자신의 목소리를 내고 있다. '개 물림' 사고에 대해 견해를 밝히기도 했으며, 안락사와 존엄사에 대한 연구도 진행하고 있다. 그는 '의료현장에서는 따뜻하게 최선의 처치를 하는 의사로, 사회적으로는 생각할 거리를 던지는 글 쓰는 의사로 남고 싶다.'고 자신이 왜 글을 쓰는지 이유를 밝힌다.

남궁인이 작가가 될 수 있었던 이유는, '작가'라는 타이틀이 필요해서가 아니라 가치 있는 경험을 나누려는 마음 때문이다. 그저 그런 마음으로 시작하는 게 글쓰기다. 비문학의 글쓰기에서 요구하는 형식은 쉽게 학습할 수 있다.

그러므로 글쓰기는 에피소드를 들려주는 것에서부터 시작하는 것이 좋다. 현장에서 체험한 생생한 경험은 즐거운 글 읽기 경험을 제공한다. 저자가 던지고 싶어 하는 참된 메시지나 노하우, 솔루션도 에피소드라는 형태를 갖고 있을 때 독자에게 다가가기 쉬워진다.

지인 K 역시 취미로 글쓰기를 하고 있다. 증권지점장인데 10년 이상 소설을 쓰고 있다. 해년마다 신춘문예에 작품을 내면 대부분 최종심까지 오른다. 글쓰기에 공들인 시간은 결코 헛되지 않다. 100세 시대라고 하니 인생 2막, 3막을 놓고 보자면 얼마든지 지적 확대가 가능하다. 그는 언젠가 경제소설을 쓰고 싶다고 했다. 현재도 틈틈이 경제관련 칼럼을 쓰고 있다. K가 만나는 경제 관련 모든 키워드는 글감으로 승화된다.

우리는 마음만 내면 얼마든지 글을 쓸 수 있는 시공간에 살고 있다. 얼마나 절박한지 의지의 문제만 남는다. 한 번 글쓰기에 탄력이 붙고 그를 알아봐주는 누군가가 생기면 글을 발표할 수 있는 공간도 생긴다. 기고가 시작된다. 매체에 기고를 시작하면 글쓰기는 비약적으로 발전할 수 있다. 만일 내 직업과 일치하는 소재를 다루는 매체가 있다면 먼저 기고를 약속해 보자. 그것이 언어가 자본이 되는 지름길이며, 내 실력이 일취월장할 수 있는 지름길이다.

03

자기 분야에서
글감을 길어 올린다

택시 기사인 이창우는 긍정적인 삶을 위해 '책 쓰기'를 시작했다. 첫 작품인 〈어느 지독한 택시기사의 이야기〉를 출간한 후 2년여 만에 같은 제목으로 또 출간했다.

하루 12시간씩 일하는 그는 손님에게 친절하자고 마음먹어도 일에 지치면 그렇게 되기 힘들었다. 그러나 책을 쓴 후부터는 택시 안에서 벌어지는 '운수 나쁜 일'도 좋게 생각하게 됐다. 그는 말한다.

"책 쓰기 전에는 택시 안에 구토하는 승객은 하루 일을 공치게 한

진상일 뿐이었죠. 하지만 책을 쓰면서는 같은 일이 생겨도 책을 위한 에피소드로 생각하게 됐어요. 나도 모르게 긍정적으로 바뀐 것이죠."

운전하면서 겪은 에피소드와 경험이 모여 책의 소재가 된다. 에피소드가 생기거나 생각이 떠오를 때마다 메모지에 적었고, 며느리가 일정 분량씩 컴퓨터로 입력하여 출판사에 전달했다. 그가 말했다.

"내가 적은 메모지 내용을 보던 며느리가 눈물을 글썽거리는 것을 보고 독자에게도 통할 수 있겠다는 생각이 들었다."

2002년 사업 실패로 전 재산을 잃은 후 택시 기사 일을 시작했던 그는 빚을 갚기 위해 화장실 갈 틈도 없이 10여 년 일하다 보니 어느 날 갑자기 '평생 일만 하면서 살겠구나.'라는 무상감이 들어 책을 내게 되었다.

저서를 준비하면서 생각보다 큰 즐거움과 목표가 생겼다. 그는 '나이 든 사람의 구닥다리 조언일 수는 있겠지만 나처럼 고졸에, 사업 실패로 빈털터리가 되고, 당뇨까지 있는 사람도 즐겁게 살아 보려고 하니 어느 정도 되더군요. 그래서 비록 힘든 시대지만 사람들이 자신감을 잃지 않았으면 하는 마음도 책에 담았지요. 사는 동안 책 10권을 내는 게 목표죠. 그러면 택시 기사로서도 작가로서도 성공한 인생이라 생각할 수 있을 것 같아서요.'라고 했다.

일상적으로 '택시 기사'와 '작가'는 잘 매칭되지 않는 키워드다. 그러나 내가 몸담고 있는 분야에서 글의 소재를 길어 올린다는 취지에서 살펴보면 '작가'라는 타이틀이 어울리지 않는 키워드는 없다는 사실도 알 수 있다. '작가'는 세상 어떤 일에도 잘 어울리는 만능열쇠다.

인기 미스터리 소설 〈캐럴라이나 슬레이드 미스터리〉 시리즈의 작가인 호프 클라크도 자신의 '전공'을 살려 콘텐츠를 만들어낸 사람이다. 그녀는 작가로서의 출간 경험을 사람들과 공유하기 위해 웹사이트를 운영하기 시작했다. 작가를 꿈꾸는 일반인들을 지원하기 위해 개설한 이 웹사이트에서, 그녀는 글을 어떻게 써야 하며, 출판을 어떻게 해야 하는지 조언하고 있다. 보조금이나 공모, 출판사와 에이전트에 관한 팁과 노하우 등을 제공한다. 또한 매주 4만 명가량의 아마추어 작가들을 위해 여러 가지 팁과 소식을 전하는 뉴스레터를 작성한다. 그녀의 공식 타이틀은 '소설가'이지만 그는 번외의 장르, 즉 글쓰기 분야에서 다시 한 번 '작가'라는 이름을 얻은 셈이다.

이런 이유로 글쓰기는 자기혁명과 잘 어울린다. 기존의 옷을 벗고 새로운 패션으로 갈아타는 일이 아니라 지금까지 해오던 일에 무언가를 덧붙이는 일이다. 그러므로 글쓰기는 수명 연장 시대에 자기 일을 연장할 수 있는 길이 된다. 지적활동은 80대까지 거뜬히 할 수 있다. 나에게도 함께 일하는 79살의 칼럼니스트가 있다. 그는 여전히 총명하고 주제를 잘 찾는다. 무엇보다 소재를 장악하는 힘이 있기 때문에 글이 일필휘지다. 살아온 날이 길수록 에피소드 또한 풍부하여 글샘은 마르지 않는다.

우리 각자가 써야 하는 글이 무엇인지는 각자의 성향에 따르면 된다. 에세이가 맞으면 에세이를 쓰면 되고, 자기계발서가 맞으면 자기계발서를 쓰면 된다. 출판 장르나 글의 형식은 자기 몸에 맞게 자유롭게 선택하면 된다. 다만 자기계발서든 에세이든 글의 종류에 상관없이 내용만큼은 현업과 연관된 글쓰기를 추천한다.

누구든 업무에서만큼은 자신만의 노하우가 있다. 취미나 특기 같은 조예 깊은 분야 역시 추천할 만하다. 매체에 기고문을 발표하거나 SNS에 글을 올리면서, 서서히 분량을 만들어가면서 글병에 글이 가득 차기를 기다린다. 글병에 글이 충분히 차면 목차에 맞게 재구성하면서 한 권의 책이 되는 순간을 엿보자.

04

글쓰기
첫 걸음 떼기

미술사학자 이주은 교수는 〈나는 작가가 되기로 했다〉에서 작품 활동에 대한 단상을 밝혔다. 영국 런던의 별 두 개짜리 호텔에 장기 투숙하면서 낮에는 도서관이나 미술관에 자료를 찾으러 돌아다녔는데, 밤과 새벽에 글쓰기를 위해 노트북을 끼고 살았다. 호텔은 따스했고, 식당에서 제공하는 모닝 빵과 커피는 맛있었다. 유일하게 다른 투숙객들을 만날 수 있는 시간이 아침식사 시간이었다. 그 호텔에는 자신 말고도 독일계로 보이는 남자가 늘 노트북을 들고 다니며 자판을 두드리고 있었는데 그 외에는 글과 연관이 없는 투숙객들뿐이었다. 영국 호텔에서 혼자 쓰는 글은 너무도 신바람이 났다.

그녀는 논문 쓰기와 대중적 글쓰기를 다르게 접근한다. 논문을 쓸 때는 지도교수에게 배운 대로 목차부터 순서대로 구성하지만 대중적 글쓰기는 다르다. 마치 조각보 만들듯이 틈틈이 자투리 글을 모아 두었다가 전체의 큰 틀에 맞춰 재배열하는 방식을 취한다. 먼저 틀을 만들고 그에 맞게 글을 쓰는 게 아니라, 먼저 글을 쓰고 그에 맞게 틀을 짜나가는 방식이다. 왜 새벽에 글을 쓸까? 오후나 저녁에는 사람을 많이 만나다 보니 솔직한 자기다움이 많이 사라지기 때문이란다. 자신을 유폐시켜 글을 쓰는 사람들 대부분은 자기제어를 잘한다. 그들은 무형의 생각을 유형의 글로 바꾸는 작업을 위해 일정기간 삶을 단순하게 만들 줄 안다.

이은주 교수를 통해 우리는 두 가지 글쓰기 방식에 대한 힌트를 얻는다. 목차를 짜고 시작하거나 혹은 틈틈이 작은 글을 쓰고 사후에 목차를 구성하거나. 각각의 방식은 일장일단이 있다. 목차를 짜고 쓰는 방식은 준비까지 시간이 더디 걸린다. 그러나 구상이 이미 마쳐져 있기 때문에 집중적으로 쓰기에 유리하다. 반면 작은 글을 틈틈이 쓰는 건 시작하기 편리한 점이 있다. 쓰면서 생각하고, 생각하면서 쓰기 때문에 자투리 시간을 내서 집필하기 유리하다.

　나는 이 두 가지 방식을 적절히 혼합한 형태로 글쓰기를 시작한다. 이를 위해 스프링 노트를 마련한다. 스프링 노트의 앞쪽에는 월별 스케줄이 한눈에 보이는 페이지가 있다. 그 외에는 자유롭게 찢어 쓸 수 있는 빈 노트다. 월별 스케줄을 통해 대강의 시간 계획을 짜고, 자유 페이지에 떠오르는 생각을 적어간다. 웬만한 구상은 노트 몇 장으로 끝난다. 콘셉트와 흐름이 나오면 나중에 목차로 구체화될 설계도가 만들어지는 셈이다. 논문 수준의 디테일까지는 없으나 따라 쓰기에 적합한 지도 역할은 된다. 이와 같이 대강의 흐름을 잡고 시작하면 글쓰기의 절반이 해결된다.

　다음 단계에서, 최초의 구상을 부풀려서 써나가기 시작한다. 구상은 좋은데 글감이 없는 경우도 있다. 그럴 때는 '30일 관찰법'을 추천한다. 소재의 실물이든, 혹은 소재에 대한 기억이든 더듬어 보는 방법이다. 또한 해당 소재를 다룬 다른 사람의 글을 읽고 '나만의 글쓰기'로 다시 구성하는 방법도 좋다. 그러나 무엇보다 관찰에 시간을 투입하기를 바란다. 새로움을 발견할 수 있는 힘은 '관찰'로부터 나오기 때문이다. 이것은 무심히 지나칠 수 있는 것들에 애정을 쏟는 일이기도 하다. 생각 없이 산다면 낯섦은 발견되지 않는다.

나의 글을 표현만 약간 다른 카피물로 만들고 싶지 않다면 글쓰기에 낯섦을 도입하기를 권한다. 낯섦은 매일을, 새날로 이끈다. 또한 이것은 창의와도 연관된다. 남들이 볼 수 없는 나만의 생각을 끄집어내기 위해 반드시 필요한 과정이다. 이렇게 발견된 낯섦은 곧 글감이 된다. 매일 보는 하늘, 매일 보는 나무, 매일 걷는 길, 매일 만나는 꽃들, 매일 보는 구름이 잠시도 똑같은 모습으로 머무르고 있지 않다는 것을 알게 된다. 관찰이 없다면 다른 시선도 불가능하다. 일상이 지루해지면 동시에 글감이 사라진다.

새로움의 발견이란 꼭 대상이 달라졌다는 것을 의미하는 것은 아니다. 태양이 떠오르는 각도가 어제와 조금 달라졌음을 인지하라는 말이 아니다. 대신 대상을 새롭게 인지함을 말한다. 나만의 시선으로 새롭게 발굴하는 과정이다. 결국 글이란 '내 시선으로 발견된 사물'을 쓰는 것이 된다.

그러므로 애정을 갖고 집중해야 쓸거리도 생긴다. 어제와 같은 오늘, 오늘과 같은 내일이라고 느낀다면 더 할 말도, 더 쓸 말도 없다. 한 그루 나무를 30일 동안 매일 스케치할 수 있을까. 다르게 관찰할 수 있는 사람이라면 글쓰기를 잘할 수 있다. 미세한 변화를 매일 스케치할 수 있기 때문이다. 그것이 글쓰기의 기초체력이다. 새로움은 저자의 철학과 뒤섞여 읽을 만한 무엇으로 변모한다.

낯섦을 만들려면 새로운 자극에 자주 노출되면 좋다. 어느 공대생 두 명이 만든 '씀'이라는 글쓰기 앱을 추천한다. 학교 선후배 사이인 이윤재와 이지형은 생산적인 일거리를 찾던 중에 '앱 개발'에 눈을 돌렸다. 두 공대생의 공통 관심사가 무엇이었을까. 회의 끝에 그들은 '글쓰기'라는 아이템을 발견한다. 이들의 취미는 책읽기였고, 틈나는 대로 끼적였다.

그들은 자신의 생각을 담아내고 싶을 때 SNS나 개인 블로그, 공책 등을 찾았다. 하지만 공책은 들고 다니기가 불편했고, SNS는 오픈된 공간이라 솔직하게 표현하는 것이 꺼려졌다. 그래서 스마트폰에 자신만의 이야기를 쓸 수 있는 공간을 만들면 좋겠다고 생각했다. 그러나 단지 글을 쓰는 공간이라면 별로 색다를 것도 없는 앱이다. 그들은 이 앱이 하나의 '자극'이 되면 좋다고 생각했다. 그래서 '글감'을 제공한다.

두 사람은 매일 고민하며 '글감'을 찾는다. 보다 많은 사람들이 다양한 시각에서 쓸 수 있도록 보편적인 글감을 제시하려고 노력한다. 글감을 공개할 때 책 속의 한 문장을 함께 소개한다. 이 한 문장이 글쓰기에 불을 붙인다. 이제 떠오르는 내용을 적는다. 비록 글감과 한 문장은 앱에서 왔으나 그 안에 적힌 건 '내 생각'이다.

05

글은 머리가 아니라
손으로 쓴다

미국 최초로 노벨 문학상을 받은 싱클레어 루이스(Sinclair Lewis)는 하버드 대학교에서 글쓰기에 관한 강연 요청을 받고 술 취한 상태로 갔다. 연단에 올라가 학생들에게 외쳤다.

"작가가 되고 싶은 학생들은 손을 들어보시오!"

모두가 손을 들었다. 그러자 그가 말했다.

"그럼 얼른 집에 가서 글을 쓸 것이지 왜 여기들 있나?"

말을 마친 싱클레어 루이스는 강연장을 가장 먼저 빠져나갔다.

다른 건 몰라도, 글만큼은 남에게 배워서 하는 게 아니다. 쓴다는 것은 실천이 유일한 배움이다.

오스트레일리아의 소설가 브라이스 코트니(Bryce Courtenay)는 '무거운 엉덩이'가 글쓰기의 성공 비결이라고 말했다. 엉덩이를 의자에서 떼지 말고 글을 쓰면 된다는 이야기다.

글쓰기는 자기와의 싸움이다. 그래서 진득함을 요구한다. 나는 너무 활동적이라서 의자에 앉아 있는 게 적성에 맞지 않다고 말하는 사람도 있다. 그럴 때는 글쓰기 전에 충분하게 구상한 후에 최대한 짧은 시간에 글쓰기를 끝내는 수밖에 없다. 그러나 의자에 앉아 있는 시간이 길건 짧건 자기 손으로 꾸준하게 쓸 수 없다면 말짱 도루묵이다.

스티븐 테일러 골즈베리도 실천을 중시하는 작가 가운데 한 명이다. 그는 세상에서 이야기하는 '모든 글쓰기는 영감으로부터 시작된다.'는 말을 믿지 않는다. 대신 그는 '진정한 영감은 펜 끝에서 나온다.'고 말한다.

글쓰기 전에 영감이 오기만을 기다린다면, 어리석은 사람이다. 그에 의하면 일단 글을 쓰는 것이 중요하다. 글을 쓰는 행위 자체가 상상력을 작동시키기 때문이다. 그에게는 소설을 쓰는 전략이 있다.

머릿속의 몇 가지 생각들을 손가락으로 계속 쓰면서 이야기가 저절로 흘러나가도록 만드는 것이다. 단어들을 하나씩 써나가다 보면 내가 내뱉은 단어가 다시 나의 뇌를 자극해서 스토리가 흘러가기 시작한다.

우리는 국가적 차원에서 실패한 학습법 한 가지를 알고 있다. 어학을 이론으로 공부한다는 사실이다. 그러나 최근의 외국어 학습법은 회화부터 시작한다. 듣고 말하기를 먼저 하고 읽고 쓰기를 나중에 한다. 그렇게 언어에 대한 감을 갖게 한 뒤 필요하면 그때 문법을 배운다. 그러나 나중에 배우는 문법도 시험을 위해서 필요하지 소통을 위해서 배우는 경우는 드물다. 우리가 우리말을 배우는 과정을 생각해보면 그렇지 않은가.

글쓰기에도 같은 원리가 적용된다. 일단 펜이든 노트북이든 글을 써보는 게 중요하다. 짧은 글이라도 자기 손으로 직접 써봐야 뭔가 글쓰기 훈련이 시작된다.

작가가 되기 전, 이근제 씨는 살아온 이야기를 쓰고 싶었다. 초등학교를 졸업한 그는 글쓰기 공부를 한 적이 없어 혼자 '썼다 지웠다'를 반복했다. 어느 해, 회사의 경기가 어렵다고 여름 휴가비를 주지 않아 휴가를 포기하고 살아온 이야기를 쓰기로 마음먹는다. 밥 먹는 시간 빼고 아침부터 저녁까지 쓰기만 줄곧 했다. 초등학생이 쓴 글보다 못 썼지만 일주일 만에 쓰고 싶었던 것을 다 썼다. A4 용지로 25장이 되었다.

그는 〈작은책〉 편집장에게 글을 보여줬고 '바보처럼 살아온 지난날'이라는 제목으로 총 13회 연재를 하게 된다. 이후 퇴고를 거듭하면서 '살아온 이야기'라는 제목으로 전태일 문학상 생활글 부문 우수상을 받기도 했다. 그는 글이 쓰고 싶지만 자신 없어 하는 사람들에게 '무조건 쓰고 나서 소리 내어 읽고 사람들과 나누라'고 전한다. 일단 쓰고 사람들에게 보여주고 지적을 많이 받을수록 글이 늘어난다는 것이다. 그도 처음엔 창피했지만 혼자만 쓰면 발전이 없다는 것을 알았다. 주위에 서너 번 보여주면서 얼굴이 두꺼워지고 그러다 발전할 수 있게 되었다. 소리 내어 읽다보면 스스로 잘못 쓴 것을 발견하고 더 좋은 단어를 찾게 된다. 말재주 좋은 사람도 처음부터 달변이 아니었다. 글도 훈련이 필요하다. 자꾸 쓰고 고치다 보면 수준이 늘게 된다.

"나 같은 사람도 쓰잖아요?"

이제는 작가가 된 이근제 씨의 말이다.

글쓰기에 관심 많은 사람의 서재에는 글쓰기 관련 책이 몇 권씩 있기 마련이다. 대부분 이론 책들이다. 글쓰기는 습관의 문제다. 이론은 어느 정도 흥미가 붙은 다음에 찾아봐도 된다. 처음부터 이론을 들이밀면 글쓰기는 산으로 간다. 가장 좋은 글은 그 사람만의 목소리가 담긴 글이다. 우리가 글을 쓰는 이유는 나만의 메시지가 있기 때문이다. 그런데 내 생각을 담는 방식을 타인에게서 꾸어 온다? 좀 이상하지 않은가? 모든 글에는 저자만의 독특한 관점이 담긴다. 살아온 이력이 다르기 때문이다. 소설가마다 문체가 다른 건 그가 살아온 삶의 방식이 다르기 때문이다. 그러므로 우리도 우리만의 삶의 방식으로 글을 쓰면 된다. 다만 아직은 흙먼지로 덮여 있기 때문에 그 먼지를 털어낼 만큼 시간이 필요할 뿐이다.

이근제 작가의 이야기 중에 한 가지 더 강조하고 싶은 게 있다. '사람들과 나누라'는 대목이다. 발표할 곳이 있으면 더 좋다. SNS든 주변 지인이든, 혹은 기고든 사람들과 나누게 되면 주변의 피드백이 들어온다. 의견을 나누다 보면 점점 발전하는 자신과 만날 수 있다.

"이번 글 좋은데……."

"공감이 많이 되던데."

이런 피드백은 글 쓰는 사람에게는 동기부여가 된다. 다음에는 어떻게 다르게 써볼지 벌써 머릿속으로 궁리하게 만든다. 이것이 글 쓰는 사람으로서의 점진적인 발전이다. 업무 관련 소재라면 당당히 기고에 응해도 된다. 평소 A4 한두 장 쓰는 일이 어렵지 않다면 시작한다. 칼럼은 A4 한 장 반 정도의 길이만 되면 된다. 이것이 한 꼭지에 해당하는 한 호흡이다. 발표할 매체를 만나는 일은 훈련의 장을 마련하는 일이 된다.

06

매일 일정한 시간과
장소에서 글을 쓴다

글쓰기 경험을 이야기하는 두 가지 방식이 있다. 하나는 글을 쓰는 과정이 얼마나 힘든 과정인지 소개하는 글이다. 예컨대 루시 모드 몽고메리의 이야기가 좋은 예시다.

〈빨강머리 앤〉으로 유명한 루시 모드 몽고메리는 캐나다 프린스 에드워드 아일랜드의 캐번디시에서 자랐다.

"그곳에서 성장한 세월이 없었다면 〈초록지붕 집의 앤(빨강머리 앤)〉을 쓰지 못했을 것이다."

어린 시절의 경험과 환경이 그녀의 문학적 재능을 한껏 북돋는 데 큰 영향을 미쳤다는 의미로 읽히는 내용이다. 실제 소설 속 꿈 많은 공상소녀 빨강머리 앤은 몽고메리 자신이기도 했다. 그녀는 아홉 살에 처음으로 시를 쓴 이후 쉬지 않고 습작 활동을 이어갔는데 오로지 작가가 되겠다는 일념으로 살았다.

평단과 세상이 인정하는 작가가 된 몽고메리는 42세 되던 1917년, 한 잡지사의 의뢰로 회고 글을 쓰기 시작한다. 6부에 걸쳐 연재한 글의 제목은 '험난한 길(The Alpine Path)'이었다. 성공을 향한 여정을 뜻하는 '험난한 길'은 몽고메리가 작가로서 걸어온 길이 결코 순탄치 않았음을 보여준다. 그녀는 '힘들고 고단한 길을 가느라 분투하는 사람들의 사기를 북돋워주기 위해 글을 썼다.'고 고백했다. 유일한 회고록은 작가의 열정과 꿈을 담은 '작가 분투기'이기도 하다.

이런 이야기는 글쓰기에 갈망하고 있는 일반인을 위축시키곤 한다. 몽고메리의 이야기를 듣다 보면 '아무나 작가가 되는 게 아니구나.' 하는 생각이 드는 게 자연스럽다. 그런데 다른 한쪽에서 글쓰기란 습관이라고 말하는 사람들도 있다. 여기에도 좋은 예가 많다. 하루를 시곗바늘처럼 살았던 칸트도 있고, 〈태백산맥〉의 작가 조정래도 있으며, 그리고 사람 좋은 얼굴로 웃어주는 강원국 작가도 있다.

강원국 작가는 자신만의 글쓰기 시스템을 갖추어야 한다고 강조한다. 글쓰기는 의지만으로 안 되고 글을 쓰게 만드는 시스템이 필요하다는 얘기다. 그가 이십여 년 동안 글을 쓸 수 있었던 것도 습관적으로 글을 썼던 시스템 덕분이다. 일정한 장소와 시간, 동일한 환경에서 반복적으로 글을 쓰다보면 마치 파블로프의 개처럼 뇌가 자동으로 글쓰기 준비를 마친다. 처음 습관을 갖기 위해 의지가 필요한 시간은 대략 22일이다. 약 3주간 같은 시간과 장소 그리고 같은 환경에서 글쓰기를 하다보면 뇌는 이제 '어라, 우리 주인이 이제 글을 쓰려고 하네?' 하고 자동으로 몸을 준비시킨다. 이제 66일이 되면 습관이 되고, 습관대로 하지 않으면 부자연스럽고 불편해진다.

그는 〈대통령의 글쓰기〉를 집필할 때, 매일 아침 9시에 아메리카노 커피 한 잔을 뽑아 들고 집 앞 도서관에 가서 항상 같은 자리에 앉았다. 점심에는 집에 와서 막걸리 한 병을 마시고 다시 도서관으로 가서 5시까지 썼다. 저녁식사 후 7시부터는 매일 같은 코스로 1시간 30분 동안 산책한 후 반신욕을 했다. 그리고 거실 한 구석에 있는 앉은뱅이책상에 앉아서 글을 썼다.

이렇게 일정 기간 동안 반복하다 보니 산책을 시작하면 뇌가 '이제 글을 쓰려나 보다'라고 생각하고 준비를 한다. 반신욕을 할 때쯤에는 이제 뇌에서 생각이 마구 뿜어져 나온다. '이런 내용 어떨까? 이것 한 번 써보세요.' 이제 남은 건 펜을 드는 일. 앉은뱅이책상에 앉으면 자동적으로 써지기 시작했다.

그는 남들에게 방해받지 않는 시간대를 골라 그 시간에 글만 쓰고 정해놓은 시간을 지키면서 쓰라고 강조한다. 자기만의 글쓰기 환경을 만들 필요가 있는데 커피를 마시거나 좋아하는 음악을 들으면 좋다. 그리고 컴퓨터 앞에 앉아 자판기를 치기 전, 떠오르는 것을 노트에 써보는 것도 필요하다. 이렇게 반복하다 보면 펜을 들고 무언가를 쓰기 시작할 때 곧장 뇌가 도와줄 것이라고 그는 강조한다.

글쓰기를 고난의 행군처럼 받아들일 필요는 없을 것 같다. 그래서 나 역시 쓰기를 위해 루틴(Routine)을 추천한다. 일정한 시공간을 준비하는 일은 글쓰기의 절반을 해결하는 것이나 마찬가지다. 글쓰기는 심리적인 영향을 크게 받는다. 책상 위치만 바꿔도 분위기를 탄다. 특히 활동을 하는 날이나 사람 만나는 날은 왠지 기분이 들뜨기 때문에 차분한 에너지를 원하는 글쓰기와 맞지 않다. 대신 비 오는 날이나 흐린 날은 기분이 가라앉아 의외로 글쓰기가 잘 된다. 분위기가 글쓰기에 미치는 영향이 있다. 백색소음이 있는 카페도 좋다. 나의 경우 카페를 자주 활용한다. 주말에는 일 관련 전화가 오지 않으니 더 집중할 수 있다. 이틀 정도의 주말은 몰입에 최적기다. 글쓰기에는 방해받지 않은 시공간이 필요하다. 의지만 탓하지 말고 시공간이라는 환경을 선택하는 것도 영리한 방법이 된다.

　루틴을 만들기 위해 일정시간 알람을 맞춰 나만의 공간에 유폐되는 것도 좋은 방법 같다. 각자의 에너지에 맞는 시간대를 찾아서 그 시간에 집중해 본다. 아침형 인간이라면 새벽 시간이, 올빼미형이라면 밤 시간대가 좋겠다. 다만 최소 시간을 2시간 정도로 잡는 게 좋다. 충분히 몰입하여 충분히 아웃풋을 하려면 1시간은 적어 보인다. 그러나 이 2시간 안에 글쓰기 구상 시간을 포함시키는 건 좋지 않은 습관이다. 이 2시간은 순전히 글을 쓰는 시간이라고 보아야 하고, 사전에 구상하는 습관을 들이자. 예컨대 아침형이라면 자기 전에 구상하고 올빼미형이라면 퇴근길에 구상하면 좋다. 먼저 한 차례 생각해 보면 강원국 작가가 했던 말처럼 잠시 후에 뇌가 말을 걸어온다. '야, 뭐해? 이거 빨리 쓰라고!'

메모는 당장은 종이쪼가리에 불과하지만 시간이 지나면 자본으로 탈바꿈할 수 있다.

〈메모습관의 힘〉을 쓴 신정철 저자는 기술연구원에서 책임연구원으로 일하고 있다. 보고서 외의 글을 거의 쓰지 않고 살아왔지만 어느 날, 주위 사람들이 책을 내고 사회적으로 성장하는 모습을 지켜보며 공허감이 밀려온다. 그래서 글을 쓰고 책을 내야겠다고 결심한다. 그는 글 쓰는 요령에 대해 블로그에서 이렇게 말한다.

"먼저 한 달에 2~3꼭지의 글을 씁니다. 주제를 정하면 주제에 맞는 책을 구해 읽으면서 감명 깊은 내용과 문장 등 주요부분에 밑줄치며 읽은 다음 노트에 옮겨 메모합니다. 이때 손으로 직접 써서 기록을 합니다. 그렇게 하면 기억이 오래 갑니다."

그는 책에서 메모한 글에 자신의 소감을 덧붙여 블로그에 올린다. 일단 글을 쓰고 다음날 아침에 생각나는 것을 더해 다시 다듬는다. 글 발표 3주를 앞두고 출퇴근길 지하철에서 수정하고 집에 돌아와 다시 수정을 거듭한다. 발표 전까지는 매일 보완작업을 계속하는데, 이처럼 공 들이면 처음에 엉성했던 글이 읽을 만하게 보완된다. 숙성되어 맛깔스런 글로 탄생된다. 이 과정에서 그의 블로그는 누적방문객 100여만 명에서 200여만 명으로 늘어났으며, 이후 출판사의 러브콜을 받고 〈메모습관의 힘〉이라는 책을 냈다.

독자적인 이름보다는 코카서스 3국으로 더 잘 알려져 있는 나라가 있다. 아르메니아는 아제르바이잔, 조지아와 함께 코카서스산맥을 중심으로 분포해 있어 코카서스 3국이라고 불린다. 이 나라들은 사람의 발길이 많이 닿지 않은 새로운 관광지로서 각광을 받고 있다.

임수용 씨가 이 낯선 나라로 출장을 떠나게 되었다. 아르메니아는 국내에 소개된 관련 자료가 많지 않았고, 거의 정보가 없는 상태에서 비행기에 몸을 실었다. 미지의 세계에 첫발을 내딛듯 호기심 가득하게 출발한 아르메니아에서 저자는 자신도 모르게 그들을 관찰했고, 그들의 삶을 기록하기 시작했다. 이 신세계는 알면 알수록 우리와 많이 닮아 있었다.

아르메니아는 러시아, 터키 등 강대국의 틈바구니에서 매일 영향을 받고 있었다. 국경이 맞닿은 나라 아제르바이잔과는 나고르노-카라바흐 지역을 놓고 연일 슬픈 총성이 울리고 있다. 제1차 세계대전 중 강대국 오스만제국(현 터키)에 의해 자행된 200만 명의 '아르메니아 대학살'은 일제 치하 36년간 무고하게 희생된 우리의 조상들을 떠올리게 만든다. 다행히도 우리의 촛불혁명처럼 아르메니아 국민들 역시 피 한 방울 없이 '벨벳혁명'이라는 평화혁명으로 독재를 무너트리고 민주 정부를 세웠다. 그들에겐 공통된 희망이 있다. 그것은 바로 조국을 잘 살게 만들겠다는 신념이다.

이 모든 내용은 임수용 씨가 아르메니아를 둘러보면서 기록한 작은 메모지에서 비롯되었다. 그는 틈틈이 보고 들은 내용을 기록으로 남겼고, 이 메모는 나중에 〈아르메니아에 가고 싶다〉라는 책으로 묶여서 나왔다.

메모로부터 시작하자는 말은, 그게 쉬우니까 그렇게 해보자는 의미

이상의 뜻이 있다. 사실 메모를 작성하려면 핵심을 간결하게 추릴 줄 알아야 한다. 실제로 우리는 메모에 모든 내용을 적지 않는다. 꼭 기록할 가치가 있는 것들 위주로만 쓴다. 단어 또는 한두 문장인 경우가 많다.

이런 이유로 메모된 한두 문장은 글의 중심이 된다. 이 한두 줄의 '중심문장'에 '뒷받침문장'을 더하면 한 편의 글이 완성된다. 중심문장만 쓸 수 있다면 한 편의 글은 생각보다 쉽게 끝난다. 칼럼 한 편도 8~10개의 중심문장으로 이루어진다. 글의 주제를 장악하고 있다면 뼈대인 중심문장을 써나가기 쉽다.

메모를 쓰다 보면 글이 점점 늘어난다. 급기야 한 편의 글로 바뀐다. 이런 글쓰기는 자연스럽게 매체 기고로 이어진다. 그러면서 글쓰기에 익숙한 삶으로 전환된다. 습관치고는 대단한 영향력을 발휘하는 셈이다. 그러니 처음부터 작정하고 쓰지 마라. 단지 즐겁게 메모하다 보면 점점 글의 양이 늘어난다. 그러면 '쓰기'라는 매력적인 세계에 빠지지 않을 수 없다. 더불어 '쓰기' 관련 책도 읽게 된다. 읽는다는 것은 인터넷 검색만으로는 채워지지 않는 체계적인 갈증을 해소한다는 의미이다. 한 세계에 한 발 더 내디뎌, 깊어지는 일이다. 이때 구성이라는 안목도 생긴다. 차츰 다른 사람의 글을 읽으면서 형식에도 눈을 뜬다.

　메모로 시작하여 글쓰기를 진전시키는 3가지 단계를 정리하면 이렇다.

　첫째, 초급 단계에서는 메모를 권장한다. 자주 쓰는 습관을 들인다. 메모한다는 것은 핵심을 안다는 의미다. 모든 말을 다 적지 않는다. 알맹이만 기록한다. 이것은 시를 쓰는 것처럼 군더더기 없는 핵심을 알게 만든다. 메모를 통하여 우리는 좀 더 긴 글로 발전할 수 있다. 메모는 문단이 아니더라도 상관없다. 일단 적고 그것을 근거로 응용할 줄 알면 된다.

　둘째, 에세이를 쓴다. 메모로부터 좀 더 발전한 단계이다. 습관으로 만든다면 한 편의 글쓰기를 연습할 수 있다. 꾸준히 쓰다 보면 어느 사이 말하고자 하는 것이 A4 1~2장 정도의 호흡으로 늘어난다. 소재를 장악하는 힘이 길러진다. 자신 있는 소재에 대해 먼저 쓰게 되고 발표하면 훨씬 설득력 있는 글이 된다. 그러다 글의 구성에 점점 감을 잡게 된다.

　셋째, 어느 매체든 자주 발표한다. 피드백을 얻게 되면 글의 형식이 보인다. 칼럼은 10포인트 160행간으로 A4 1장 반 정도의 분량이다. 같은 주제를 여러 번 발표하다 보면 더 깊게 다룰 줄 알게 된다.

쓸수록 쓸 말이 더 많아진다. 이것을 꾸준히 모아 목차를 만들면 한 권의 책이 될 수 있다. 일단 장악할 수 있는 소재부터 써나가면서 발표하고 그 파일을 모으는 것이 쉬운 방법이다.

조성일 작가는 오마이뉴스에 글쓰기 습관에 대해 이렇게 말했다.

"처음으로 글을 쓰는 사람이 명문을 구사하며 자유자재로 쓰게 되는 과정은 면허 딴 초보운전자가 멋진 드라이버가 되는 것과 유사하다."

메모로부터 시작하여 성장의 즐거움을 느끼는 것도 글쓰기를 통해 우리가 누릴 수 있는 즐거움 가운데 하나다.

가장 인간적인
4가지 도구의 힘

글쓰기를 위한
마지막 조언

책 쓰기든, 글쓰기든 상관은 없다. 여러 편의 글이 모여 하나의 일관성을 가진 더 큰 글이 되려면 '덩어리' 개념을 갖고 있으면 편하다. 덩어리는 글을 덩어리로 나누는 것(목차)을 의미하기도 하고, 글을 쓰기 위한 작업을 덩어리로 나누어 접근하는 것(초고 쓰기, 퇴고하기 등)을 의미하기도 한다.

먼저, 쓰기 위한 덩어리 작업이다. 일단 일필휘지라는 건 없다고 생각하고 시작한다. 처음 쓸 때는 무조건 생각을 표현하는 데 집중한다. 말하고 싶은 뜻이 담겨 있는지 살핀다. 잘 표현되었는지는 생각지 않는다. 알맹이가 있는지만 따진다. 이 과정에서 글감이 되는 에피소드에 집중한다. 그저 '말하고자 하는 뜻'을 알고 있는 몇 마디로 나열하는 게 목적이 아니라 이 '말하고자 하는 뜻'을 잘 담고 있는 에피소드를 글의 형태로 바꾸어놓는 것이다. 에피소드 정리가 잘 되었다면 주제를 부각시키는 작업을 추가적으로 한다. 또한 부족하다 싶으면 근거를 가져다 붙이는 작업도 해야 한다. 즉 에피소드 넣기—주제 부각—근거 제시의 3단계로 하나의 덩어리 작업이 이루어진다.

이 과정을 한 권의 책을 쓰는 것으로 바꾸어 정리하면 이렇다.

첫째, 수십 개의 에피소드를 작성한다. 목차를 먼저 뽑고 그에 맞는 에피소드를 찾거나 반대로 에피소드를 먼저 작성하고 목차를 입혀도 된다. 에피소드의 수는 문장의 호흡이 길면 40개, 호흡이 짧다면 80개 정도가 필요하다. '호흡이 길다'는 말은 길게 쓸 수 있다는 말이다. 에피소드를 쓸 때는 계속 에피소드만 쓴다.

둘째, 그 에피소드에 의미부여를 한다. 주제를 부각시키는 과정이다. 주제 부각을 위해서는 두 가지 방법이 있는데 하나는 핵심 알맹이를 더 단단하게 다지는 동시에 군더더기를 제거하는 것이다. 음각은 더욱 음각으로, 양각은 더욱 양각으로 만든다.

셋째, 신빙성 높은 자료를 붙여 근거를 제시한다. 틈틈이 모아둔 자료가 있을 것이다. 이 자료가 어느 에피소드, 어느 주제와 어울리는지 살펴서 각 꼭지와 연결한다.

이렇게 요소를 만들어놓은 뒤 이제는 채색 과정, 즉 퇴고다. 퇴고할 때는 개별 원고로 접근하는 것이 아니라 A4 100장을 한 호흡, 통으로 보고 수정한다. 퇴고를 하면서 원고는 하나의 예쁜 옷으로 거듭난다.

다음, 목차와 관련된 덩어리다.

목차를 잘 짜면 집필의 절반이 해결된다. 비문학의 경우 목차는 전체 설계도에 해당된다. 정형화된 형식은 없지만 보통 5장으로 나누어지며 각 장의 역할이 다르다. 하나의 장에는 하나의 개념이 담긴다. 각 장이 제대로 역할을 해줄 때 전체 목차는 탄탄해진다. 비문학에 활용되는 목차 구성에 대해 알아본다.

1장에는 문제제기가 들어간다. '왜 이 콘셉트를 골랐을까?' 하는 것이다. 독자는 이 문제제기로부터 공감을 시작하게 된다. 저서는 개인적인 집필이지만 세상으로 나오는 순간 공적인 메시지로 탈바꿈된다. 읽기 위해서는 그만한 명분이나 가치가 있어야 한다. 초보 저자일수록 이 부분에 신경 쓰자.

2장은 본격적으로 '왜 이것이 중요한지' 주제에 대해 말하는 장이다. 저자의 이야기가 시작된다. 자신의 콘셉트에 대한 주장을 펼치는데, 독자는 저자만큼 배경지식이 없기 때문에 독자의 이해를 돕기 위해 풀어놓는다. 2장을 통해 저자가 강조하고자 하는 콘셉트가 왜 중요한지 본격적인 서문을 연다.

3장이나 4장은 본격적인 솔루션이다. 솔루션의 범주는 넓겠지만 대강 두 장으로 풀어낼 수 있다. 솔루션이야말로 독자가 책을 사는 이유이기도 하다. 이 솔루션에 대한 노하우를 알기 위해 독자는 기꺼이 비용을 지불한다. 단행본은 훌륭한 독학의 자료가 된다. 삶에 체화시키기 위해 독자는 시간과 열정을 지불한다. 그러니 3장 4장에 솔루션이 제대로 담기지 않으면 돈 아까운 책이 된다. 저자의 경험에서 나오는 노하우가 아니라 어느 이론에서만 가져온 것들이라면, 연구기반 없는 것들이라면 독자는 실망하게 된다.

5장은 총론으로 전체적인 마무리에 해당된다. 내가 주장하는 콘셉트를 삶에 들여놓으면 일상이 어떻게 달라질지에 대한 부가가치 높은 결론이다. 우리는 이 총론으로부터 책의 콘셉트에 대한 동기부여를 받는다. 읽기만으로 끝나지 않고 삶에 체화시켜야 할 이유와 명분을 얻는 것이다. 5장은 장의 전체를 추스르는 역할을 한다. 책의 최종 합

목적성을 띠는 것이다.

책은 아니지만 김미경 강사가 강의를 할 때 구성안을 짜는 방법도 기본 원리는 목차 짜기와 똑같다.

〈파랑새〉에서 김미경 강사는 1장짜리 구성안을 만든다고 밝힌다. 도입부와 각 주제 그리고 종결부를 1장에 요약해놓고 머릿속으로 각각의 시간을 계산한다. 그걸 완전히 숙지하고 무대에 오른다. 그러면 사람들은 그 구성안 속에서 절대 빠져나가지 못한다.

예를 들어 안숙선 명창에 대해 강의를 의뢰받았을 때였다. 먼저 주제에 대해 고민했다. 한 인물을 조명할 때 그에 관한 자료는 아주 다양하다. 명창으로 성장하기까지의 노력과 인내심을 부각할 수도 있고 명창으로서의 자기관리를 이야기할 수도 있다. 각각의 시각에 따라 여러 면을 볼 수 있다. 김미경 강사가 생각한 주제는 '소리로 세상의 이치를 깨달아 가는 사람'이었다. 그래서 안숙선 명창을 통해 시청자들은 어떻게 그들의 직업으로 세상 이치를 깨달아야 할지에 대한 강의안을 만들었다.

첫째 파트에서는 잘하는 것과 득도하는 것의 차이에 대해 말했다. 잘하는 것은 남의 관점인 반면 득도는 내 관점이다. 돈을 잘 버는 것과 돈 버는 이치를 깨닫는 것이 다르듯 소리를 잘하는 것과 소리하는 이치를 깨닫는 건 질적으로 다르다는 점을 강조했다.

둘째 파트에서는 득도하는 사람의 특징을 언급했다. 그들은 하나같이 엄격한 자기만의 기준이 있다. 아무리 남들이 잘했다고 해도 스스로 만족하는 법이 없고 죽기 전까지 눈빛이 살아 있다.

셋째 파트에서는 직업으로 득도하기 위해 필요한 것에 대해 이야기했다. 즉 자기만의 삶의 도덕성, 윤리의식, 분별력 등이 있어야 한다. 그리고 각자의 직업에 도를 담자는 내용으로 강연을 마무리했다.

설계도를 치밀하게 만들려면 주제를 잘 정해야 한다. 할 말이 차고 넘쳐야 설계도도 제대로 만들 수 있다. 따라서 그 어떤 스피치를 하든 말하고자 하는 주제에 몰입하는 것이 가장 중요하다. 김미경 강사는 다양한 에피소드들을 열심히 모으는 동시에 에피소드의 품질을 가리는 일도 꾸준히 한다. 초창기에는 사례집과 더불어 반성일기도 함께 작성했다. 오늘날 유튜브를 통해 만나는 그녀는 아주 다양한 사례를 접목시켜 능숙하게 강의안으로 풀어낸다. 전성기 때보다 체험을 승화시켜 강의안으로 만드는 방법에 아주 탁월해졌다.

한편 우리는 책 전체가 아니라 짧은 글 안에서도 덩어리 개념을 발견할 수 있으며, 이렇게 발견할 수 있는 안목이 있는 상태에서 펜을 들면 더 글을 잘 쓸 수 있다. 예컨대 타인의 칼럼에서 기-승-전-결 또는 서론-본론-결론을 안다면 내 글을 쓸 때도 동일한 구성을 취할 수 있게 된다. 타인의 글을 접하면서 어떤 구성의 글이 설득력 높은지 찾는 연습을 하자. 짧은 글의 구조가 보이면 장 단위에서 구조를 보도록 하고, 나아가 책 전체 단위에서 구조를 보면 도움이 된다. 그렇게 체계성을 보는 안목이 내 글의 짜임새도 만든다.

주장-이유-근거도 글의 구조를 볼 수 있는 하나의 틀이 된다. 주장이 있는 모든 것에는 이유와 근거가 따른다. 얼마나 적절하게 이유나 근거를 대느냐가 글의 품질을 좌우한다. 구체적일수록, 때에 맞을수록 독자의 마음을 움직이기 쉽다.

마지막으로 글쓰기가 어렵게 느껴지는 분들을 위해 〈7년의 밤〉으로 유명한 정유정 작가의 인터뷰 내용을 전한다.

"소설을 쓰는 동안 세 가지 두려움에 시달린다. 초고를 시작하기 직전엔, 두려움을 넘어 막막하기까지 하다. 알래스카 설원에 꽃삽 하나 들고, 그걸로 도시를 건설하겠다고 나선 기분이다. 나 자신이 너무나도 의심스럽다. 내가 과연 이걸 할 수 있을까? 초고를 끝내고 본격적인 작업에 들어가면, 정말로 의심스럽다. 과연 이걸 끝낼 수 있을까? 퇴고를 하고 나면, 세상에 나가 어떤 평가를 받을지 두

렵다. 모든 일이 다 그렇겠지만, 글쓰기도 결국 나 자신과의 싸움이다. 두려움과 의심의 압박을 이겨내야 한다. 이겨내지 못하면 펜을 놔야 한다."

글의 세계에 온 것을 환영한다.

다시, 〈읽고 듣고 말하고 쓰기〉를 권함
100년 뒤에도 변치 않을
가장 인간적인 4가지 도구의 힘

지은이 | 서정현
펴낸곳 | 북포스
펴낸이 | 방현철
편집자 | 권병두
디자인 | 엔드디자인

1판 1쇄 찍은날 | 2019년 2월 15일
1판 1쇄 펴낸날 | 2019년 2월 22일

출판등록 | 2004년 02월 03일 제313-00026호
주소 | 서울시 영등포구 양평동5가 18 우림라이온스밸리 B동 512호
전화 | (02)337-9888
팩스 | (02)337-6665
전자우편 | bhcbang@hanmail.net

이 도서의 국립중앙도서관 출판시도서목록(CIP)은 e-CIP 홈페이지(http://www.nl.go.kr/ecip)와
국가자료공동목록시스템(http://www.nl.go.kr/kolisnet)에서 이용하실 수 있습니다.
(CIP제어번호 : 2019003830)

ISBN 979-11-5815-057-0 03190
값 13,000원